山东女子学院女性学术研究专著资助项目(2014NZ02)

女大学生特色教育研究

叶友华 著

山东大学出版社

图书在版编目(CIP)数据

女大学生特色教育研究/叶友华著. —济南：
山东大学出版社，2016. 12
ISBN 978-7-5607-5705-6

Ⅰ. ①女… Ⅱ. ①叶… Ⅲ. ①女性—大学生—素质教育—研究②女性—大学生—教学方法—研究 Ⅳ. ①G640

中国版本图书馆 CIP 数据核字(2016)第 323891 号

责任策划：陈一家
责任编辑：李艳玲
封面设计：张 荔

出版发行：山东大学出版社
社　址　山东省济南市山大南路 20 号
邮　编　250100
电　话　市场部(0531)88364466
经　销：山东省新华书店
印　刷：济南华林彩印有限公司
规　格：720 毫米×1000 毫米 1/16
12.25 印张 187 千字
版　次：2016 年 12 月第 1 版
印　次：2016 年 12 月第 1 次印刷
定　价：35.00 元

序

青年兴则国家兴，青年强则国家强。高校是培养青年学生的重要阵地，而思想政治教育则是贯穿于始终的生命线。思想政治理论课是巩固马克思主义在高校意识形态领域的指导地位，坚持社会主义办学方向的重要阵地；是全面贯彻落实党的教育方针，落实立德树人根本任务的主干渠道；是进行社会主义核心价值观教育，帮助大学生树立正确世界观、人生观、价值观的核心课程。近年来，各地高校认真实施新课程方案，全面改进思想政治理论课，课堂秩序和教学效果得到明显改善，教学针对性和实效性得到大大提升。

同时，我们也必须清醒地认识到，世界范围内各种思想文化的交流、交融、交锋更加频繁，如何发挥正能量，增强对重大理论和现实问题的阐释力尤为重要。思想开放不等于没有主导，价值多元不等于没有核心。在多元中确立主导，给思想政治理论课提出新的挑战。面对各种思潮和复杂的社会现象，如何运用马克思主义的立场、观点和方法在多样中求得共识，是对思想政治理论课提出的新的要求。

女大学生特色教育研究的内涵主要体现在“特色教育内容”和“特色教学方法”上。作为新一代的知识女性，当代女大学生有着自身的特点与成长规律，有着特殊的生理、心理、安全、交往、尊重的需要。她们不仅有着与男性相似的发展规律，更有着自身发展的特殊性。本书一方面关注女性特殊的需求，在思想政治教育领域有针对性地开展价值观、道德观、婚恋观和就业观等素质教育内容；另一方面借鉴ISO9000质量管理理念与方法，运用PDCA模式、标准化、满意度测量等特色教学方法，积极探讨提升女子高等院校思政课程教学质量的途径。

世界因为有了女性而更加美好，女性因为有了教育而更加聪慧。山东女子学院作为全省唯一的一所女子高等院校，多年来积极探索女性教育与教学新途径，在推进女性高等教育发展方面发挥着越来越大的作用。长期以来，山东女子学院注重妇女/性别理论研究工作，并取得显著成绩。该书为“山东女子学院‘女性学术研究专著’资助出版”项目之一，是笔者在长期思想政治理论课教学实践上所作的积极探索，希望有助于推动女大学生的特色教育研究和女大学生的思想政治教育研究。

叶友华

2016年10月

目　录

绪 论

对女性的教育在国家的教育发展和进步中起着至关重要的作用，甚至可以说，女性素质的高低直接影响着一个国家文明程度的高低。改革开放三十年来，我国对女性的教育成果十分明显。女性享有与男性平等的法定教育权利和机会，女性接受教育的总人数和比例不断扩大，女性接受教育的年限和层次明显上升，女性接受教育的质量和条件明显改善。[①] 女性人才是构成宏大人才队伍的主力军之一，实现伟大的“中国梦”，离不开女性人才的崛起。女大学生是女性群体中一个特殊的组成部分，是女性中有知识、有文化、有道德、有素养的新一代知识女性。其素质和教育问题，既是提高女性整体素质的关键所在，也是提高全民素质的需要，是社会进步的重要标志。当代女大学生作为女性中有幸接受高等教育的佼佼者，作为新一代的知识女性，有着自身的特点与成长规律，有着特殊的生理、心理、安全、交往、尊重的需要。她们不仅有着与男大学生相似的发展规律，更有着自身发展的特殊性。随着社会的发展，我国高等学校

① 参见莫文秀等:《中国妇女教育发展报告 No. 1(1978～2008)——改革开放 30 年》，社会科学文献出版社 2008 年版，第 5 页。

中女大学生的人数越来越多，无论是理工科院校还是以文科为主的综合院校，女生数量在学校中都占据着相当大的比例。针对女大学生的教育问题是一个社会问题。女大学生素质的高低，从最终意义上来说，将直接影响到一个国家的未来。因此，开展女大学生教育与教学研究工作具有重大的理论意义和现实意义。

一、女大学生特色教育研究的意义

从古至今，人们对女性教育重要性的认识经历了一个非常漫长的过程。在古代，国外和国内的趋向基本上是一样的，女性的定位是家庭人、自然人，而不是定位为社会人，所以女性基本上没有受过正规教育。要说有教育，也是从维护父权制度这个角度出发对女性进行的女德教育，这本身就是在不平等基础上接受的维护不平等的教育。女性不能进学校，包括私塾，大多数女性是在家庭中跟随女性长辈习得“言传身教”的生活知识和技能。[①] 直到近代以后，女性教育问题才有所改变。女性高等教育始于五四运动以后北京政府和南京政府的女子教育。“五四之后，女性解放的一个重要标志是教育的解放。尤其是表现在高等教育上的男女同校。1920 年秋，南京高师成为中国第一所招女生的高等学府。女子不但能上大学，而且能与男子同校共读，这不能不说是五四之后中国女子高等教育的一个明显进步；同时说明，中国女子高等教育是呈直线上升发展的。可以说，五四之后，中国高等教育包括女子高等教育的初具规模，为今后中国高等教育事业的发展奠定了基础。”在这一时期，关于妇女问题的论争一直没有停息过，尤其是关于中国女子教育问题，更是论争的重点。“女子要获得完全的解放，要使绝大部分女青年亦能跨入高等学府，这只能是随着时代的发展，随着社会的进步和共产党领导的人民大众翻身之后的事。”[②]艰难曲折中发展的女子教育成为中国教育近代化的一个重要缩影。[③]

新中国成立以后，妇女获得了完全的解放，真正实现了经济和精神上的独

---

① 参见黄琦：《大学校长访谈录》，山东教育出版社 2012 年版，第 263 页。

② 雷良波、陈阳凤、熊贤军：《中国女子教育史》，武汉出版社 1993 年版，第 365～381 页。

③ 参见熊贤军：《中国女子教育史》，山西教育出版社 2006 年版，第 7 页。

立。女性开始积极参与到社会主义建设过程中，并接受了越来越多的家庭教育、社会教育和高等教育，女性获得了更全面的发展。在这一时期，女性的综合素质得到显著提升。

进入21世纪，“男女平权”大为改观，特别是受教育权。目前在普通大学中，除了一些特殊的专业以外，男女生的比例基本各占50%。一个女性是否受过教育以及受过怎样的教育，对她的一生都有着极其重要的影响。女性只有受过教育，具备读、写、识的基本能力，同时拥有一定的技能，才能在社会变革的大潮中具有更强的实力，发挥更大的作用。发展女性教育事业，保证女性平等入学，提高女性的教育质量和水平，摸索和积累女性教育经验，是一个长期而艰巨的任务，需要每一位女性参与进来并不断地付出努力、克服困难，为女性的生存与发展创造条件。女大学生教育是社会教育的一个重要组成部分，女大学生教育的理论与现实是大学生思想政治教育学科建设的重要问题。女大学生教育与教学研究是一种运用教育科学的理论和方法，有目的、有计划地去探索女大学生教育与教学的有关问题，探索女大学生教育的内容、特点及其规律性的研究活动。其目的在于创造性地认识女大学生的教育与教学规律，提高女大学生教育水平与教学效果，确保女大学生教育质量，从而促进广大女性得到更充分的发展。

女性教育的目的是更好地帮助女性完成性别角色社会化，其实践表现在教育形式上，它是性别的分化教育，内容包括女性的美德、素质、技能等。女性教育使女性享有参与教育、平等和充分发展的权利，其注重女性的个人经验和经历，强调女性参与教育的主体性与能动性，承认女性具有差异性，倡导教育变革，主张开展女性教育研究项目，建设女性学课程，在学校教育中进行教学法的变革等。[①] 在现实生活中，受过教育的女性在生活态度、处事方法和能力上都有别于没有受过教育的女性。“培养什么人、如何培养人”的问题，始终是教育的灵魂和核心问题，也是教育理论与实践必须给出现实回答的首要原则问题。没有目的性的教育，既缺乏存在的合理性，也将失去发展的动力之源。综观世界教育发展史，各个国家和民族无不把培养一定社会所需要的“接班人”作为根本

---

① 参见韩贺南、张健：《女性学导论》，教育科学出版社2005年版，第9页。

任务。当前,我国正处在经济转轨、社会转型的关键时期,利益关系复杂,各种矛盾问题相互交织。而高校与社会联系日益紧密,女大学生在接受知识和获取信息的渠道方面发生了深刻变化,她们思想意识和价值取向的独立性、选择性、差异性特征日益明显,因而高校思想政治教育的任务更加艰巨。目前,高校中的女大学生多为"80末"和"90后",她们中绝大多数是独生女,而父母多是"60后",其父辈的兄弟姐妹较多。在这样的家庭背景下,多数学生都是在众星捧月的氛围中长大的。多方的关爱、优越的物质生活条件都促使她们形成了任性、娇宠的性格。有些父母即使从童年起就关心孩子的教育,也多从功利的角度迫其学有所长,然而物质的刺激与补偿终究难以使其品格实现整体均衡的发展。因此,一些女大学生变得爱慕虚荣,注重外表美而忽视内在美,讲究物质生活方面的攀比,在缺乏品质的精神生活中寻求刺激,沉溺网络,消费无度,荒废学业,以自我为中心,对流行歌曲和时尚服装的探究远胜于对传统文化和国家大事的关心。信仰的缺失除了造成价值取向的偏离外,还使得她们意志薄弱、心理脆弱、情绪多变、容易受伤、自制力差、适应能力差。面对复杂的社会环境、挑战与压力,相比于男生,女生暴露出更多的问题,女大学生的教育问题尤为突出,女大学生的教育任务更加繁重。因此,开展女大学生教育与教学研究具有重大的现实意义。

二、女大学生特色教育研究的特色

女性的发展,既需要社会各方面的支持,也需要女性自身具备积极进取的意志和宽广博大的胸怀。女性的特色教育离不开女子学院。早期女子学院的创建体现了创建先驱者们对女子高等教育的远见卓识。她们不解的努力不仅使女子学院成为无数妇女接受高等教育的场所,而且女子学院在世界范围内的传播推动了女子高等教育的发展。早期女子学院既为那些在其学院中接受过教育的妇女的发展做出了贡献,也为所有其他能接受到高等教育的妇女起到了楷模的作用。[①] 女子学院的创办是女性争取社会权利及平等机会的开始,通过

---

① 参见高惠蓉:《女权与教育:美国女子高等教育发展研究》,上海三联书店2010年版,第34页。

高等教育，女性可以获得更多参与社会活动的机会，在社会的经济和文化生活中发挥更大的作用。女子学院作为一类独特的高等教育机构类型，在其形成和发展的过程中形成了自身的特色。尽管许多特征并不是女子学院所独有的，但是它们在这样的制度文化中是更容易被认可和更容易获得的，而这种制度文化将女性及其智力和情感的发展置于所有政策、项目和活动的中心。①

女性教育研究是女性教育发展的结果，是女性学的重要内容之一。女大学生教育与教学研究将女大学生作为研究的主体和专门学科的研究对象，通过“性别—女性视角”探讨女性教育研究的理论和方法，构建女性主义教育学，推动以社会性别公平为目的的教育改革和社会政策的改善，谋求社会的进步。女大学生教育问题与其他教育有所不同，具有特殊性及其特色。著名教育家吴贻芳在担任金陵女子大学校长时就明确说：“我们开办的是女子大学，我们要让中国的女人受到最好的教育，同时还不能忘记自己是女人。”所以，在金陵女大的课程设置中就有两大特色：一是所有的专业都要把“教育学”作为必修课；二是重视体育课，在强壮身体的同时突出美感，所以她们把普通体育课改造为“音乐体育”。在学习本专业的同时接受特色教育，体现女性特点的教育，正是我们所追求的。

（一）加强女大学生教育与教学研究，突出女性研究特色

女性与教育一直都是女性理论工作者研究的热点问题，对女性高校教育的特殊要求问题，学术界更是说法不一。目前，主要有截然相反的两种观点：一种观点是女子学校就应该有女子学校的特点，就应该区别于其他普通学校，包括教育的方式、教育的内容、毕业生的素质等等。而另外一种观点是“忘记自己是女子学校”，将关注点单纯放在普通高等教育上。我们比较倾向于第一种观点，女子学校还是要讲特色的，但不是绝对的。在过去的研究工作中，我们已习惯于传统的教育与教学模式，忽视教育对象的差异与特点，脱离教育对象的实际状态，不能有效地发挥教育的激励和导向作用。女大学生要走上成功之路，不仅需要树立科学的社会性别意识，更需要社会环境的支持。对当代女大学生的

---

① 参见李巧针：《美国女子大学》，中国传媒大学出版社2014年版，第43页。

教育，高校应坚持科学发展观，强化世界观、人生观和价值观的教育。此外，更要培养女大学生的自我教育意识，包括良好的个性养成教育，特别是在发展目标上必须坚持“全面、协调、可持续”。

女大学生教育与教学研究是山东女子学院一项重要教学科研工作。山东女子学院作为世界女子教育联盟的成员单位，在促进世界女性高等教育发展方面发挥着越来越大的作用。它是山东省“十二五”高校人文社会科学“女性人力资源开发与管理”研究基地、全国妇联和山东省妇联妇女研究培训基地、山东省性别平等研究基地。1994 年，在山东省建立了第一个以女性为研究对象的研究机构——妇女研究所，然后又和山东省委党校、山东社科院联合组建了跨部门的女性研究机构——性别研究中心，形成了马克思主义妇女观、先进性别文化、女性高等教育研究等 7 个研究方向。创办 20 多年的《山东女子学院学报》是全国三大妇女理论研究刊物之一，被评为全国高校优秀社科期刊、山东省优秀期刊；“性别平等理论研究”栏目被评为特色栏目。

（二）以提升女性综合素质为目标，突出女性育人特色

现代社会对高素质的女性提出更高的要求。高素质的女性是有理想、有追求、有创新精神的女性；同时，又是热爱生活、建设现代家庭的好母亲、好妻子。她们应该具备高尚的道德情操和较高的文化修养，又应该具有知识女性的特点和品德，具有较强的协调能力。作为从事女子高等教育的工作者来说，教育最重要的目标是要把学生培养得更加优秀，让她们踏入社会后有更加突出的表现。所以，女子高等教育工作者的责任重大。

开展女大学生教育与教学研究，以提升女性综合素质为目标，突出女性育人特色，是当前女子高等院校思想政治教育中的一项重要工作。女子高等院校应全面推行素质教育，努力提升女大学生的气质修养，不断强化女大学生责任意识和睿智优雅的女性气质。（1）开展自尊、自信、自立、自强的“四自”精神教育。学校坚持为社会经济发展服务，为妇女发展服务，确立了培养具有“四自”精神、创新意识和实践能力的高素质应用型女性人才的培养目标。遵循女大学生身心发展规律，以女生节、艺术节、女性文化沙龙、科技文化艺术节、大学生宿舍文化节、心理健康节等活动和“巾帼协会”“爱心协会”等众多学生社团为载

体，培养学生积极、健康、向上的人生观、世界观和价值观，不断提高女大学生的综合素质。(2)打造具有女性教育特色的校园文化。学校依据女大学生身心发展规律和女子院校办学特点，推进校园文化建设。结合时代特点，对校训、校徽、校风等精神文化进行了重新修订和阐发。“坤德含弘，至善尚美”的校训表现了山东女子学院现代女性厚德载物的包容精神和内外兼修的德性要求；“自强不息，百折不挠，求实创新，不断攀登”的女院精神，已经成为支撑、推动学校发展的校魂。学院徽标象征了新时期女性蓬勃向上的精神风貌，校内楼宇、道路或以杰出女性姓名命名，或以代表女性高尚品质的词语命名；楼厅内张贴古今中外女性名人的画像、名言，校史展览馆对校训、校风、女院精神作了生动的诠释。这一切让学生在潜移默化中受到影响，有利于女大学生秀外慧中、优雅自信的女性气质的形成。

(三)加强社会实践，突出社会服务特色

开展女大学生教育与教学研究，应加强社会实践，突出社会服务特色。女子高等院校应利用资源优势，积极开展以促进妇女发展为重点的社会服务工作。一是依托“教师教育基地”，做好幼儿骨干教师的培训工作。二是依托“妇女法律研究与服务中心”，积极组织教师参加《山东省妇女权益保障法实施办法》的修改和制定工作，指导各级妇联组织实施《山东省妇女权益保障法实施办法》，面向社会开展旨在维护妇女权利的法律咨询活动。三是依托社会工作专业和“心理健康教育指导中心”，开展女性弱势群体生存状况的调查工作，并视情况提供救济、援助、心理咨询等社会服务，组织“反家庭暴力”宣传活动，促进“男女平等”基本国策的落实。四是重视妇女干部和妇女培训工作，举办现代职业女性管理高级研修班、优雅女性高级研修班、成功家长培训班等各种类型的短期培训班，注重全面提升新时期成功女性的素质和形象。五是开展保育员、育婴师、婚姻家庭咨询师等职业资格的培训、考试和鉴定工作，组织女性参加培训并获得了相应的资格证书，提高了她们的从业技能。六是组织开展女大学生志愿服务和社会实践活动，积极组织青年志愿者服务世博会、园博会、全运会、第三届“亚沙会”测试赛工作，学生在服务期间体现了良好的职业素质和道德风范。

三、女大学生特色教育研究的方法

人们常说，教育一个男性是教育一个个体，教育一个女性则等于教育一个家庭、教育一个民族。这种说法虽然欠妥，但确实含有一定哲理，也再一次说明对女性教育及教育方法的重要性。女大学生特色教育研究的主要内容包括女大学生社会主义核心价值观教育研究、女大学生婚恋观调查研究、女大学生就业困境调查研究、女子大学学生诚信教育机制研究、女子大学校园道德文化创建路径研究、女子大学思政课程教学有效性研究、女子大学思政课程教学质量研究、女子大学思政课程标准化教学建设研究、女子大学思政课程满意度测量方法及应用研究和中韩女子大学特色教育比较研究。女大学生特色教育与教学研究方法如下：

（一）科学性和针对性的统一

从根本上说，女大学生教育与教学研究的科学性表现在它以马克思主义为指导。马克思主义的妇女观是我们从事女大学生教育与教学研究的“望远镜”和“显微镜”。我们观察现象，理解问题，绝不能脱离马克思主义的指导，否则就会迷失方向，甚至犯错误。马克思主义的妇女观理论是我们正确分析女性问题的思想武器。女大学生教育与教学研究是一项科学性很强的理论研究，科学性既表现在实事求是、尊重客观规律方面，也表现在教学内容体系的完整性、合理性和教学方法的针对性、先进性方面。

针对性强是女大学生教育与教学研究的另一个显著特点，也是开展女大学生教育与教学研究的一个基本要求。一方面，要求我们必须紧密结合社会现实情况，结合女大学生自身现状，强化性别的分化教育，有针对性地选择教学内容，开展生动活泼的思想政治教育。另一方面，必须针对女大学生的思想实际进行相关教育，这就要求理论研究者深入到女大学生中去，及时了解学生的思想脉搏，使研究内容更有效，更具价值。

（二）历史性与现实性的统一

现实的女大学生教育与教学不是无本之木、无源之水，它们都是历史性发展、演化的结果。无论是形势的发展，还是政策的演化，都遵循着一定的客观规律。据有关资料记载，女性理论研究起源于18世纪法国思想启蒙运动，形成于20世纪60～70年代。女性理论首先在美国兴起，随即迅速传播到加拿大和欧洲国家。20世纪70年代后期，亚洲各国开始了女性理论研究。20世纪80年代中后期，中国开始了女性理论研究。经过漫长的历史进程，女性理论研究逐渐形成一定的影响力。现代的女大学生教育与教学研究必须坚持实事求是的思想路线，通过深入的调查研究，广泛收集数据，掌握大量准确的事实和必要而可靠的统计数字，建立合理的指标体系，根据客观事实得出正确结论。只有坚持马克思主义妇女观的立场、观点，才能正确地进行女大学生教育与教学研究。

（三）理论性与实践性的统一

女大学生教育与教学研究要求理论性与实践性相统一。课堂教学自然是主要形式，要根据教学的需要和女大学生的特点采取灵活多样的教学方式。要努力做到系统讲授与专题讲座相结合，请进来与走出去相结合，课堂教学与课外讨论、交流相结合，正面教育与学生自我教育相结合。

女大学生教育与教学研究必须注意发挥教师和学生两个积极性。根据实际条件，在课内课外或假期积极组织好大学生的社会实践。女大学生由于从校门到校门，缺乏社会实践锻炼，对社会了解不够，看问题容易偏激。而要克服这些弱点，就必须加强实践环节的锻炼，让女大学生多接触社会实际，深入到企业、农村、社区、部队，看一看我国改革开放三十多年所取得的巨大成就；听一听工人、农民、战士是怎样理解社会问题的，向社会学习，向群众学习，让女大学生在社会的大课堂里学到许多书本上学不到的东西。

（四）稳定性与变动性的统一

历史唯物主义基本原理告诉我们：社会生活的发展过程是必然性和偶然性的统一。一方面，社会生活的发展具有不以人的意志为转移的客观规律性，其总的发展方向具有历史必然性。另一方面，社会生活发展的客观规律性不像自然界的许多规律那样明显和直接，而是表现得复杂、曲折，充满偶然性。必然性在社会生活发展过程中居支配地位，决定发展的基本方向和趋势；偶然性对社会生活发展起加速或延缓的影响作用。这一规律反映到女大学生教育与教学研究上，就是将相对稳定的思想政治教育内容与不断变化的问题有机地结合起来、统一起来，结合女大学生学习、生活、婚恋、就业等一系列社会现实问题，不断发现新问题、研究新问题、解决新问题，做好稳定性与变动性的统一。

四、女大学生特色教育研究的要求

教育是人类社会所特有的一种文化现象。从广义上来说，它泛指一切增进人们知识、技能、身体健康以及形成或改变人们思想意识的活动。从狭义上来说，它指学校教育，使受教育者经有目的、有计划、有组织的传道、授业、解惑，成为为一定社会或一定阶级服务的人。[①] 女子高等教育属于后者。教育又是一项人权，是实现平等、发展与和平目标的一个重要工具。教育对于在现实社会中处于劣势地位的女性来说尤为重要。享有平等机会、取得教育资格是女性成为社会发展的参与者和推动者的必要条件，受教育程度直接反映了女性的社会地位。教育是提高女性素质、促进女性发展的重要手段。女性教育是提高人口素质的根本途径之一。为此，女大学生教育与教学研究的要求如下：

（一）明确女大学生教育与教学研究的重要性

女子高等院校思想政治理论课肩负着对大学生进行系统的马克思主义理论教育的任务，是大学生思想政治教育的主渠道和主阵地，其目的在于帮助大学生树立正确的世界观、人生观和价值观。[②] 可见，各女子高等院校应该对思想政治理论课有全面正确的定位，从根本上重视其建设和发展，明确女大学生教育的重要性。目前，女子高等院校以培养具有性别平等意识的高素质现代女性

---

① 参见马庚存：《中国近代妇女史》，青岛出版社 1995 年版，第 127 页。

② 参见罗国杰：《思想道德修养与法律基础》，高等教育出版社 2010 年版，第 65 页。

人才为己任，克服传统文化的性别偏见，根据女性身心发展特点实施针对性教育，并为此加强专业和课程建设，形成了良好的校风和学风，在教学、科研、管理、德育等方面具有一定特色。女子高等院校正在创建一个良好的校园环境，通过积极和谐的校园文化，全面提高女大学生文明素养和综合素质。通过在全校范围内开展马克思主义理论教育活动，让女大学生充分认识到马克思主义的科学性；要推动女大学生的政治学术研究活动，组织她们运用马克思主义理论去观察社会现象，正确看待社会问题，正视性别歧视问题，注重提高自身的主体意识和素质，以热情、端庄、大方的仪态面对社会，充分展现自身的能力和才华。

（二）提高女大学生教育与教学研究者的综合素质

女子高等院校是一种特殊的文化环境，是探索女大学生成长成才规律的“试验田”。教师是女子高等院校的灵魂，教师是知识的传播者和创造者，教师的知识和业务水平决定着教育的质量。要认真抓好女子高等院校教师对马克思主义的真学、真懂、真信、真用问题，真正让懂马列主义、信马列主义、有理想信念的教师来教思想政治理论课。这可以视为思想政治理论课教师的思想政治素质的基本标准。作为一个合格的思想政治课教师，应该坚定共产主义信念，不断加强马克思主义理论的学习和研究，学透学精马克思主义基本原理。同时，在教学的过程中保持对思想政治理论的前瞻性研究，保证有足够的时间进行科学研究，保证讲授的内容适应时代的发展，把本学科的前沿研究内容及时引入课堂，以教促研，以研促教，充分保证自身的思想认识能够紧扣时代发展的脉搏，以此来提升课堂教学的质量。女子高等院校广大教师要自觉加强师德修养，“学为人师，行为世范”，以自己的人格魅力和学识魅力感染女大学生，做女大学生健康成长的指导者和引路人。

（三）确保女大学生教育与教学研究的实效性

女子高等院校教育和家庭教育需要有机结合，确保女大学生教育与教学研究的实效性。女子高等院校教育教学工作应立足于学生的性别差异和实际需要，以尊重学生的个性发展为前提。在管理中打破传统简单的行政模式，灵活运用教育心理学的方法，理解学生，注重情感沟通，注重个性化的指导，帮助她们解决实际困难。“因性施教”的本质就是承认差异，重视男女两性的差别，针对女性的特点进行专门的引导和教育，为女大学生的成长提供帮助。家庭教育对女大学生的影响是不可忽视的，女大学生的许多品质的养成，都是由家庭教育决定的，因此学校应该加强与学生家长的联系，掌握每个女大学生的成长过程，这样才能有针对性地开展教育与教学工作，同时也应该要求学生家长参与到女大学生教育工作中来，实现女子高等院校教育和家庭教育的有机结合。只有这样，才能让女性教育事半功倍，取得优异的成果。

（四）增强女大学生教育与教学研究的科学性

女子高等院校通过开展调查问卷、抽样调查、网络调查等形式，增强女大学生教育与教学研究的科学性。调查研究是做好女大学生教育理论研究工作的一项基本功，调查研究能力是研究者素质和能力的一个组成部分。调查研究是对客观实际情况的调查了解和分析研究，目的是把事情的真相和全貌调查清楚，把问题的本质和规律把握准确，把解决问题的思路和对策研究透彻。调查研究包括调查与研究两个环节。衡量调查研究搞得好不好，不是看调查研究的规模有多大、时间有多长，也不是看调研报告写得怎么样，关键要看调查研究的实效，看调研成果的运用，看能不能把问题解决好。调查研究的研究方法要与时俱进，在积累有效方法的同时，要适应新形势、新情况，特别是当今社会信息网络化的特点，进一步拓展调研渠道，丰富调研手段，创新调研方式，学习、掌握和运用现代科学技术的调研方法，如问卷调查、统计调查、抽样调查、网络调查等，并逐步把现代信息技术引入女子高等院校女大学生教育与教学研究调研领域，以提高女大学生教育与教学调研的效率和科学性。

（五）构建女大学生教育与教学研究新模式

女子高等院校教育的培养目标是培养社会主义事业的女性建设者和接班人，培养具有创新精神和实践能力的高级人才。据相关部门不完全统计，目前全国有独立设置的女子普通本科学校 3 所，独立设置的女子高职学院3 所，其他大学内设女子学院 10 多所，全日制在校生超过 4 万人；有独立设置的女子中学近 10 所，在校生 5000 余人；有女子中等职业学校 60 多所，其中有 7 所进入国家重点中职学校行列。此外，还有一些专门面向女性的成人学历教育机构和非学历培训机构。[①] 当代大学生素质的高低直接影响着全民素质教育的质量和文明进步的程度。基于这个原因，充分尊重女大学生的个性发展，改变男女学生“无差别对待”的工作思路，改变以往生硬的管理模式，帮助女大学生克服来自社会和自身的障碍，培养女大学生自信、自强的品格，指导她们获得更好的发展，是女性教育工作的重中之重。一是深入开展“四自”教育，加强女大学生的人文修养，努力培养自尊、自信、自立、自强的新时代女性。当前经济处于急剧转型期，当代女大学生的价值观念不可避免地受到影响，拜金主义、享乐主义、功利主义等现象屡屡发生。因此，要加大力度做好女子高等院校思想政治教育工作，树立坚定的政治方向和立场，帮助女大学生解决思想问题。围绕学校工作中心，以女大学生成才教育为载体，广泛开展“四自”教育为主题的系列活动。通过舆论宣传，宣讲优秀女大学生的典型事例；邀请专家开展系列讲座，讲解女性学、心理学等方面的知识，增强女大学生的成才意识，激发她们的成功欲望，使她们树立正确的世界观、人生观、价值观，努力对社会和人民做出贡献，从而赢得尊重和成功。二是加强女大学生的日常管理，因材施教，因势利导，因性施管，正确引导和充分激发其潜能。女大学生管理工作的基本原则是“一切为了学生，为了一切学生，为了学生的一切”。结合“90后”女大学生的身心特点，在日常管理中，要破除简单的“一视同仁”的对待方式，依据学生的性别差异和实际需要，多理解，多沟通，给予个性化指导，发挥激励的作用，帮助女大学生解决实际困难，营造健康向上的学习和生活环境。多元的校园文化易于女大学生形成正确的价值观，积极开展丰富多彩的文体活动，例如，鼓励女大学生担任学生干部，以此锻炼自身的能力；在学校学生会中设立“女生部”或“女生委员”，积极开展一些有针对性的活动。发挥女生优势，提高女大学生自主管理的能力。女子高等院校思想教育工作者也要灵活运用“赏识教育”的工作方法，注重女大学生的优点和长处，适时给予表扬和物质奖励，达到事半功倍的效果。三是结合女大学生心理特点，开展心理健康教育，向女大学生普及心理健康知识。良好的心理素质和健全的人格是新时期女大学生成长成才的重要保障。处于青春期的

---

① 参见张李玺等：《中国妇女教育发展报告 No. 2——女子院校发展研究》，社会科学文献出版社2012年版，第5页。

女大学生情绪变化大，心理素质差，往往因为学习、家庭和恋爱等方面的小波动，出现心理问题和行为偏差。所以，重视和加强女大学生心理健康教育，培养正确的挫折观，是女子高等院校思想政治教育工作者的责任。具体方法如下：(1)入学初即对新生进行心理健康普查，做好预案。(2)营造良好的外部环境，即政治环境、学习环境和人际环境。要全面加强政治、文化、道德、教育、管理、服务等因素的有机结合，使外部压力适度化，人际关系和谐化，教育管理人性化，从思想支持和心理疏导角度开展工作，避免女大学生产生自卑、嫉妒、多疑、堕落等心理。(3)积极开展有效的心理咨询和服务。建立学校“女大学生心理健康教育咨询室”，并且配备专门的女性辅导老师，指导学生减轻内心矛盾和冲突，排忧解难，开发身心潜能。开设心理健康教育课程，采用网络、宣传栏、报刊和校园广播等形式进行引导和辅导。(4)创新女大学生教育工作方法，充分利用网络新载体，建设与完善网络思想政治教育阵地。鉴于网络信息的良莠不齐以及网络文化的自由性和隐蔽性特点，要大力加强女子高等院校校园网络建设，及时发布校园时事、新闻；建立以理论知识、团队活动交流为特色的团员青年网站；以学生社会实践、社团活动为特色的社团网站等等。在内容编排上，要适当突出女大学生的兴趣和爱好，做到新颖、丰富、有特色，并随时更新，避免内容的空洞、说教，增强网站吸引力。同时，还可以利用QQ群、微信、邮箱等现代沟通手段，减少女大学生的拘束感，从而拉近师生的距离，有利于增强网络思想政治教育的感染力与实效性。

女子高等院校是创造、传播和发展先进性别文化的重要阵地，负责推广和传递正确的性别观念，肩负着辐射、影响整个社会性别观念的使命。女子高等院校作为性别公平化教育的重要场所，在启发性别意识、促进男女平等方面发挥了不可替代的作用。未来学家约翰·奈斯比特惊叹到“女性正在改变世界”，可以说，21世纪是女性崛起并空前发展的世纪，女性的重要性已经获得世界的重视。在中国，女子高等院校作为引导男女平等的重要力量，作为打破根植于中国人内心的关于女性的传统观念的重要力量，可以说是任重而道远。因此，女子高等院校要加强战略规划和内涵建设，注重提高队伍素质和科研水平，不断改善办学条件和发展环境，坚持开放办学，扩大国际交流与合作，向着建设具有中国特色、国内一流、世界知名的女子大学目标迈进。

第一章

女大学生社会主义核心价值观教育研究

人生需要信仰驱动，社会需要共识引领，发展需要价值导航。“倡导富强、民主、文明、和谐，倡导自由、平等、公正、法治，倡导爱国、敬业、诚信、友善，积极培育和践行社会主义核心价值观”，党的十八大从国家、社会和公民三个层面概括了社会主义核心价值观的价值目标、价值取向和价值准则。社会主义核心价值体系是指在社会主义社会生活中居于统治、引导地位的社会价值体系，它是我们党在新的历史条件下提出的在社会精神生活领域占主导和引领地位的价值观念体系与行为规范体系，是社会主义意识形态的本质体现，代表着中国特色社会主义社会的主流价值。社会主义核心价值体系是中国特色社会主义文化建设中的重要内容。党的十八大指出，社会主义核心价值体系是兴国之魂，决定着中国特色社会主义的发展方向。党的十八大以来，以习近平总书记为核心的党中央反复强调，要把培育和弘扬社会主义核心价值观作为凝魂聚气、强基固本的基础工程，不断夯实中国特色社会主义的思想道德基础。①

① 参见罗国杰：《思想道德修养与法律基础》，高等教育出版社 2015 年版，第 96 页。

价值观是人类在认识、改造自然和社会的过程中产生与发挥作用的。不同民族、不同国家由于其自然条件和发展历程不同，产生和形成的核心价值观也各有特点。一个民族、一个国家的核心价值观必须同这个民族、这个国家的历史文化相契合，同这个民族、这个国家需要解决的时代问题相适应。人类社会发展的历史表明，对一个民族、一个国家来说，最持久、最深层的力量是全社会共同认可的核心价值观。核心价值观承载着一个民族、一个国家的精神追求，体现着一个社会评判是非曲直的价值标准。继党的十七届六中全会提出社会主义核心价值体系的新思想之后，党的十八大又提出了社会主义核心价值观的新理念。这一重要突破，表明我们党对社会主义核心价值的认识更加深化，更加完善，后者是对前者的继承、扩充与延伸。从一定意义上说，社会主义核心价值体系是社会主义核心价值观的宏观构架；而社会主义核心价值观又是社会主义核心价值体系的微观展示。两者相互联系，相辅相成，共同构成关于社会主义核心价值理论的完整体系。

社会主义核心价值观既是对中国特色社会主义理想信念的集中概括，又是对我们民族历代先贤有关重大价值选择的深刻总结。这一理论创造，有着广泛的现实基础和深厚的历史文化渊源，是中华民族五千多年悠久文明的结晶。这说明我们党所制定的社会主义核心价值观，不是随心所欲的产物，而是站在时代的高度，对中国特色社会主义理想信念的集中概括和对本民族先贤传统价值观加以发掘、总结的成果。需要指出的是，社会主义核心价值观虽然同传统文化关系紧密，但它并非是对传统文化的简单照抄、照搬、照套，而是将传统文化与中国特色社会主义理想信念加以糅合的科学成果，是马克思主义中国化的集中体现。

在全球化和多元化的时代背景下，国际意识形态的竞争日益激烈，在大学生中树立社会主义核心价值观意义重大。思想开放，不等于没有主导；价值多元，不等于没有核心。高校课堂是对大学生进行社会主义核心价值体系教育的重要阵地，社会主义核心价值体系教育研究是高校教育教学的基本内容。大学时期是大学生世界观、人生观和价值观形成和稳定的时期。在这一阶段，大学生有了一定的独立思考和判断的能力，希望能够在海量的信息中自主地进行思考和选择；同时，大学生的思维模式未完全成熟和定型，西方的价值观宣传渗透于演讲文字、制度法律、电影音乐和公司商品各个方面，对大学生具有很大的吸引力。正如教育部《普通高校思想政治理论课建设体系创新计划》中所指出的：必须清醒地认识到，世界范围内各种思想文化交流、交融、交锋更加频繁，如何发挥正能量，增强对重大理论和现实问题的阐释力，在多元中确立主导，给思想政治理论课提出新的挑战。

一、社会主义核心价值观与传统文化的关系

社会主义核心价值观不是孤立产生的，它与中华传统文化是相通的，是一脉相承的。应该说，中华传统文化涵养了社会主义核心价值观。

（一）马克思主义唯物史观的基本立场

马克思在《路易·波拿巴的雾月十八日》一文中指出："人们自己创造自己的历史，但是他们并不是随心所欲地创造，并不是在他们自己选定的条件下创造，而是在直接碰到的、既定的、从过去承继下来的条件下创造。一切已死的先辈们的传统，像梦魇一样纠缠着活人的头脑。"[①]因此，传统虽是一种历史，但又不是一种停留于某个历史阶段的过去，而是作为一种历史生成的流淌在历史过程中的生活样态，它是作为代代相传的事物在历史的矫枉过正中萃取出来的具有实质性内容的文化力量。核心价值观作为一种文化的、思想意识的精华，毫无疑问依赖于传统文化的滋养。

中华传统文化是民族的"根"和"魂"。毛泽东指出："我们这个民族有数千年的历史，有它的特点，有它的许多珍贵品。对于这些，我们还是小学生。今天的中国是历史的中国的一个发展；我们是马克思主义的历史主义者，我们不应当割断历史。从孔夫子到孙中山，我们应当给以总结，承继这一份珍贵的遗产。"[②]邓小平认为，对传统文化我们要汲取精华，弃其糟粕，坚持"古为今用"，用历史教育人民，使传统文化成为社会主义精神文明建设的重要资源。十八大以

① 《马克思恩格斯选集》第1卷，人民出版社1995年版，第585页。

② 《毛泽东选集》第2卷，人民出版社1991年版，第533～534页。

来，习近平总书记在许多场合就汲取中华优秀传统文化问题作过反复的阐述。他在主持中央政治局集体学习会议时强调："中华文化源远流长，积淀着中华民族最深层的精神追求，代表着中华民族独特的精神标识，为中华民族生生不息、发展壮大提供了丰厚的滋养。"[①]后来他又在国际儒学联合会第五届会员大会上强调："不忘历史才能开辟未来，善于继承才能善于创新。优秀传统文化是一个国家、一个民族传承和发展的根本，如果丢掉了，就割断了精神命脉。"[②]

从马克思主义的原初形态到中国化的马克思主义，对传统文化的认识都是建立在历史唯物主义基础之上的。因此，在中华民族的历史过程中，前一代人在创造活动中生成的物质文明、精神文明和制度文明，都会成为下一代人赖以生存和发展的重要资源。它源远流长，绵延不断，既是先前各代遗留下来的"一定的物质结果，一定的生产力总和"，又作为一种"文化剩余"跨越时空，涵养当下。

（二）优秀传统文化既构成核心价值观的历史积淀，又托举着核心价值观指向未来

布洛赫认为，在人类历史中始终伴随着无所不在的"乌托邦"精神，这种精神可以游离于一定的物质生活条件，跨越时空沉积下来。优秀的传统文化就是这样，它跨越时空，超越国度，富有永恒魅力，具有时代价值。

如果说文化是对文明的提升，那么价值观就是对文化的提升。中华文化的基本价值观是讲仁爱、重民本、守诚信、崇正义、尚和合、求大同。中国传统社会价值观念与西方价值观相比，责任先于自由，义务先于权利，群体高于个人，和谐高于冲突。当代核心价值观构成引领一个文化发展和文明进步的最高精神境界。这种文化的传递告诉我们：一个时代思想价值的精华是可以独立于特定的历史时代，向后代传递。大一统的有效的国家治理、家国共同体的经济结构与社会结构、以天下国家为己任的责任伦理是中华文化一直绵延不断的根底。如果说这三大根底构成中华文化的历史"剩余"，那么它超越历史时空的存在恰恰说明了：它虽然不是在所有的朝代中都有着共同的表现，但即使国家处于对

---

① 转引自董振华主编：《中国梦与中国精神》，人民出版社 2015 年版，第 231 页。

② 转引自人民日报社评论部编：《人民日报评论年编（2014）——人民时评》，人民日报出版社 2015 年版，第 117 页。

峙分裂、社会动荡或民生凋敝状态，这种根底却依然可以超越时空，始终存积在民族的血液中，成为国家、社会以及个人得以重新整合的根本精神力量。

（三）传统文化涵养社会主义核心价值观的合理性在于价值观的历史传承

一个国家、一个民族的核心价值观不是突然出现的，也不是一时一刻形成的。它是一个历史的积淀过程，也是一个动态的传递过程。“中国文化，表现在中国已往全部历史过程中，除却历史，无从谈及文化。我们应从全部历史之客观方面来指陈中国文化之真相。”[①]核心价值观包括民族认同、民俗遵从、思维演变及行为延续，都是通过历史传承不断发展的。它虽然以相对完整自洽的理念存积于不同的历史阶段，但是它们在不同的历史阶段又要借助不同方式予以表达，并在新的表达过程中不断得到充实和完善。所以，没有以往社会的历史传承，就没有现代社会的核心价值观。正如美国著名社会学家爱德华·希尔斯指出的：“那些对传统视而不见的人实际上正生活在传统的掌心中，正如同当他们自认为是真正理性和科学的时候，并没有逃出传统的掌心一样。”[②]即使在被科技理性支配的现代社会，我们的生活也无法逃出传统的掌心，历史传承至当下的文化传统构成当下人实践的内在价值，成为一个国家基本国情的重要组成部分。作为人类精神的提炼，核心价值观无疑具有普适性或者共同性的内涵，因此，价值观也是在特定的国家历史发展和民族生活环境里形成和发展起来的，也是与国情紧密相关的。世界各国既有最大公约数的核心价值观，更有独特的价值观。从一定意义上说，国情制约是国家核心价值观本质特征的决定性因素。

培育和践行核心价值观，必须充分利用传统文化资源。中国几千年的文明积淀着中华民族对社会主义文明秩序探索的思想结晶，积累了中华民族实践国家治理的丰富经验，凸显了中华民族解决人与人、人与社会、人与自然相互关系的思考成果。对于中国来说，充分利用传统文化资源是培育和践行社会主义核心价值观的独有优势。

---

① 韩震：《社会主义核心价值体系研究》，人民出版社2007年版，第45页。

② [美]爱德华·希尔斯：《论传统》，吕乐译，上海人民出版社1991年版，第437页。

二、影响社会主义核心价值观建设的因素

社会主义核心价值观建设是一个长期的系统的工程。近几年通过广泛的宣传教育，社会主义核心价值观的内容已为群众了解和认知。由于马克思主义中国化早已是一个基本的历史事实，马克思主义中国化的过程，也是马克思主义同中国优秀传统文化互诠互释的契合过程，因此，社会主义核心价值观的体认和践行在理论上早已不成问题，但在实践效果上确实受到一定因素的影响。研究分析影响社会主义核心价值观建设的因素，从而提高践行成效迫在眉睫。

（一）影响社会主义核心价值观建设的环境因素

社会主义核心价值体系建设是在世界全球化发展背景下，在我国社会转型、体制转轨的现实条件下提出来的。这样一个处于飞速变化和发展中的时代是进行核心价值体系建设无法脱离的整体背景和前提，是价值体系宏观上的影响因素。

1. 经济全球化的国际格局的变化

全球化作为世界发展的重要趋势，不仅仅表现在经济方面，它给整个世界政治、社会、文化、环境带来的影响也越来越受到关注。世界各国之间的联系不断增强，国与国之间在政治、经济、贸易上的互相依存度更高。我国加入世界贸易组织以后，进入到全方位开放的时代，与西方资本主义国家也存在既合作又斗争的关系。

在全球化形势下，作为一个发展中国家，中国必须积极地融入到全球化进程中，才能抢得发展机遇。在与西方国家进行交往的同时，资本主义的思想观念、政治制度、民主方式等，不可避免地会对我国的民主政治生活造成影响，与我国的价值观念产生碰撞和冲击，给我国的思想文化建设，特别是核心价值体系建设带来影响。在这种情况下，如何教育人们坚持马克思主义指导思想不动摇，如何弘扬时代精神和民族精神，如何继承优良传统、张扬正气，如何教育人们克服拜金主义、享乐主义、极端个人主义价值观的侵蚀，都有待于通过核心价值体系的建设而加以解决。这使得核心价值体系建设面临巨大压力和严峻挑战。

2. 国际共产主义运动处于低潮

中国特色社会主义共同理想是社会主义核心价值体系的主题，是科学社会主义在当代中国的主要表现形式。在中国共产党领导下，走中国特色社会主义道路，实现中华民族的伟大复兴，这是现阶段中国各族人民的共同理想。坚信社会主义取代资本主义的历史必然性，坚定不移地坚持共产主义远大理想，是我们党的强大精神支柱和力量源泉。中国特色社会主义共同理想就是共产主义远大理想在我国现阶段的分解和具体化。

然而，由于国内外形势的复杂多变，特别是苏联解体、东欧剧变，使世界社会主义运动遭到巨大挫折，国际共产主义运动进入低潮，这给坚持共产主义信念的社会主义国家带来严重干扰和影响。同时，由于社会主义国家仍处于生产力发展水平较低的阶段，社会主义制度的优越性没有能够充分发挥出来，社会转型期的矛盾冲突加剧，在与资本主义的竞争共处中，物质文明上的落后和综合实力上的弱势至今未能改变，致使一些人开始怀疑社会主义制度的优越性和共产主义理想的科学性。再看资本主义世界，由于资本主义国家更多地干预和直接参与社会经济活动，在一定程度上适应了生产社会化和资本国际化发展的需要，而这些国家实行的社会保障、保险和福利措施，采取的“高工资、高福利、高消费”的政策，在相当程度上提高和改善了人民的收入和物质生活水平，越来越多的“蓝领”成为“白领”。这些新的变化和措施，在某种程度上缓解了资本主义社会的矛盾，使资产阶级的统治秩序比较稳固。

3. 网络社会带来思想多元化

当前全球化飞速发展的趋势得益于科技的进步，特别是通信技术的飞速发展。互联网的兴旺与普及使得信息传输变得快捷和方便，新兴传媒手段每时每刻都在把世界各地的文化信息传播到世界的每一个角落，从多方面对人们的思想产生影响，促使人们的价值观念发生转变。以往基于报刊、广播、电视等传统媒体，我们在宣传党的路线、方针和政策，把握正确的舆论导向，弘扬主旋律等方面，积累了丰富的经验。传统媒体中的受众多是舆论宣传被动的接受者，但互联网的兴起扩大了受众接受信息的自主权，拓展了受众发布信息的能力。任何一个网民都可以通过网络获得第一手材料，同时还可以发表评论，这在事实层面使得每个网络用户都成了新闻发布员和评论员，正所谓“人人是记者，个个都是麦克风”。由于网民多是匿名在线交往，因此，不同国籍、不同地域、不同意识形态以及不同年龄、不同经历的人在网上的交流相当复杂，这就给舆论导向的调控带来了很大困难。

与此同时，一些西方国家打着“保护人权”的旗号，利用信息网络的便捷渠道来宣扬和传播其价值观念，向世界兜售其思想文化。这些新的趋势都伴随着互联网的飞速发展，对马克思主义在我国意识形态领域的指导地位产生了冲击，影响和分解着党在思想文化领域的影响力、号召力和凝聚力。信息网络化带来的人们价值观念的演变及群众思想的活跃，都给社会主义核心价值体系建设提出了新的更高要求。

4.社会转型期引发的多种矛盾冲突

从社会历史发展的进程来看，社会转型时期往往是社会矛盾的多发期。我国目前正经历着前所未有的社会大转型，改革是社会转型的主要推动力量，这不仅带来社会结构广泛而深刻的变化，也导致人民群众需要和利益的新变化，更会激发原有的社会矛盾和引发新的社会矛盾。已经发生或将要发生的一系列深刻变革，引发了人们价值观念方面的冲突，给核心价值体系建设带来了新的课题和严峻挑战。

首先，随着所有制结构和经济体制的重大变革，我国社会阶层构成发生了新变化，社会阶层不断分化、组合，从而形成了多元化的利益主体，又由此构成了各种各样、错综复杂的社会利益关系和人民内部矛盾。不同利益群体间的政治愿望和利益诉求各不相同，新形成的对社会资源的占有和分配方式与利益的关系格局取代了以往社会群体之间相对稳定的、模式化的关系结构，而利益关系的重新调整，必然带来一些不可预料的新情况、新问题，从而对社会主义核心价值体系建设提出了新的要求。

其次，随着经济结构的转型，人们的需求层次也普遍提升。人的需求呈现出复杂的组合体：一方面表现为多样化、开放化、时尚化、虚拟化，另一方面又呈现出回归、趋同和务实的特征。有时个人的需求更加集中地表现为群体或利益集团的需求。市场经济对于利益最大化原则的追求极易引发人们只追求自身物质利益、急功近利、重利轻义等价值观的流行，人与人之间的功利化因素增加，人际关系的矛盾和冲突增多，亟待通过加强社会主义核心价值体系建设来解决这些矛盾。

(二)影响社会主义核心价值观建设的制度因素

政治制度、经济制度、文化制度不健全以及由此产生的诸多问题是影响社会主义核心价值体系建设的深层制度原因。有学者指出,把公有制搞好是培育和践行社会主义核心价值观的重大前提。笔者非常赞同这一观点。只有把我们的社会主义制度搞好,人民民主专政搞好,公有制的经济基础搞好,人民才会真正有国家主人的社会政治地位,才会自觉地认同社会主义核心价值观。当然,政治制度、经济制度、文化制度中,文化制度的不完善、不健全是影响社会主义核心价值观建设的重要因素、直接因素。

1. 文化体制建设亟待加强

目前,公共文化产品的服务功能不足,人民的文化权利得不到充分保障。社会发展中的优质公共文化品供给不足,不能满足人民的精神文化需求,使得庸俗、低俗、媚俗的文化产品大量产生。文化生产的商业利益追求压倒甚至取代了对艺术和精神的追求,文化沦落为获取经济利益的工具。在"消费至上""娱乐至死"理念的驱使下,拜金主义、功利主义、享乐主义价值观被放大。低俗文化颠覆着人们的价值观,冲击着社会道德底线,造成社会主流价值错位、人们思想混乱、文化发展方向迷失的严重后果。

"三俗"文化的流行泛滥,折射出主流文化的价值张力和价值评判力的弱化。文化失序现象表征着主流文化难以招架低俗文化的冲击。这与主流文化的吸引力、影响力、引导力不足密切相关。当前,主流文化往往表现出思想观念僵化、内容虚化、表现形式居高临下的态势,内容上宣教太多,缺乏现实关怀,对社会现实问题关注不够,而表现形式又不够贴近民生。面对文化传播渠道多样化和个性化的文化消费趋势,主流文化面临着边缘化的危机。这恰恰反映了改革开放以来我国主流价值观念传播面临的挑战。因此,提升主流文化的吸引力、影响力、凝聚力,使其在多元文化思潮博弈中牢牢占领文化主阵地,实现对文化失序的纠偏和遏制,是加强社会主义核心价值体系建设的重要任务。

因此,要坚定不移地深入推进文化体制改革,推动社会主义文化大发展大繁荣。要加快公共文化服务体系建设,加大资金投入力度,推进基层公共文化设施全覆盖工程,提高公共文化服务均等化水平。推出更多面向群众、面向基层、面向市场,无愧于时代、无愧于历史、无愧于人民的精品力作。

2. 价值规范法制化建设滞后

到目前为止,我国还没有关于社会主义核心价值体系的规章制度和公约,核心价值体系建设处于无法可依的现状,价值规范规约化建设相对滞后。而价值规范的践行或落实缺乏法律、法规的支撑和保障是社会主义核心价值体系认同难以实现的根本原因。

只有通过制度化、法制化的硬约束支持,才能更充分地发挥核心价值体系应有的约束作用。核心价值体系只有转化为一定的制度形态,或在制度精神的指引和规约下,才能促进人们对它的认同,进而使人们逐步培养与发展出与核心价值体系理念相一致的行为方式。要用法律的权威来积极推动社会主义核心价值体系向实践转化。只有国家的法律法规和方针政策的制定充分体现了核心价值体系的要求,才能使核心价值理念得到广泛认同并保持稳定性、持续性。

法治是道德的底线,道德是法治的灵魂。培育和践行社会主义核心价值观要注重“典型引领”和“底线约束”。要把道德和法治、软约束和硬约束、自律和他律很好地结合起来,时时提醒人们不要越出价值规范的边界,将行为控制在法律允许的范围内。

3. 价值评价体系不健全

社会主义核心价值观建设离不开科学、公正的社会评价标准,正确的价值评价标准能够指导人们树立正确的价值观,在正确的价值判断上作出正确的价值选择。而错误的价值评价标准,只能颠倒是非,搞乱人们的思想,使人们在错误的道路上越走越远。目前,社会评价标准存在的问题表现在如下方面:

第一,社会评价标准存在着重利轻德的倾向。在对事物、现象或人的行为作出评价时更带有利益性倾向,在危机面前表现出道德的冷漠性。例如,对干部的考察重政绩轻道德,甚至以经济标准、货币标准代替道德标准。有些地方奉行“只要把经济搞上去了,就是好干部,有些违纪、违规、违德都忽略不计”。对企业家的评价,多以财富的多少论英雄,各种各样的财富排行榜比比皆是,却缺少对企业、对企业家社会形象的评价,致使一些企业家过分追求物欲,而忽视道德意识和社会责任。对学生的教育重智轻德,奉行分数至上的原则,往往使学生产生焦虑情绪、挫折感、人格障碍和心理问题。评价标准的失衡，往往导致高尚的行为得不到社会的褒奖，不道德的行为也没有受到应有的谴责和惩罚，致使腐败现象、败德行为成本太低，威慑力不大。而一些见义勇为的人和事却得不到应有的对待，甚至有时被误解、遭埋怨，使得社会上人与人之间情感冷漠、爱心缺乏。

第二，道德评价标准混乱，善恶、美丑、是非的界限有所混淆，道德观念紊乱。由于评价主体的多元化、评价客体的多样化以及价值创造活动的丰富性，使得价值评价标准呈现出多元化、多样性的特点，这是客观现实也是历史发展的趋势。当下中国，价值观念出现了多元化、世俗化的倾向，价值评价标准也存在异常、倒错的问题。最严重的是是非颠倒，善恶不辨，美丑不清，价值评价标准混乱。传统的、现代的，都成了可以根据自己的利益、觉悟、需要而自由选择的菜单，致使合理有效的规范机制难以形成，社会秩序混乱。弘扬什么，提倡什么，贬斥什么，反对什么，在某些方面缺乏应有的共识。

第三，自我评价与他人评价双重标准。自我评价是个体对自身的价值判断，是个人自我意识的组成部分。一般而言，自我评价是在与他人交往过程中产生的，因此，也往往伴生出对他人的评价。在现实生活中，往往是自我评价过高，与他人评价不一致。指责社会、别人多，反思自己少；要求别人的多，要求自己的少。很少有人能够反躬自省，体察自身言行中的善恶，更不要说自我批评了。漠视价值主体的自我评价，淡化道德自律，必然导致自我道德约束弱化、道德环境恶化。

第四，社会价值标准导向弱化，社会舆论监督软弱无力。近年来，一些大众传媒对价值观念、道德现象的宣传力度不够，不切实际、不加褒贬地宣传形形色色的社会现象，或是干脆回避道德问题，人与人之间也缺乏道德化的规劝、赞美、贬斥，社会陷入了空前的道德困境。公平正义缺失，诚信水平下降，道德观念紊乱，贪腐凸显，社会心理脆弱。这种社会导向的模糊、混乱，舆论监督的软弱无力，使人们对社会性的道德评价日益麻木、不予重视，主导性、社会性道德评价没有深入人心，社会性的道德评价没有发挥其应有的效力。

(三)影响社会主义核心价值观建设的教育因素

社会主义核心价值观教育拘泥于传统的灌输和说教,缺少丰富有效的实践活动,特别是不注重显性教育和隐性教育的结合,使教育效果呈现出弱化的趋势。

1.教育方式方法单一

在价值观教育形式上,仍然采用集中学习、宣传教育、说教灌输的方式,主要形式就是办讲座或听报告,价值观教育方式方法太过单一,不能体现价值观教育内容的丰富性,不能反映随时代变迁而发生变化的价值理念,不能涵盖现实社会生活的价值真谛。价值观教育往往过分强调极具浓厚色彩的社会价值,更多地强调爱国主义、集体主义、共产主义、艰苦奋斗及见义勇为等高层次道德,忽视了日常生活中个体价值的实现,忽视了作为社会成员的公民基本的道德准则教育,在突出义务的同时而忽略了权利,让人深感教育内容的宏大和空洞。

相对于自我教育、寓教于乐等价值观教育的方法来说,灌输有其自身的特点和局限性。只把教育者看成是能动的主体,而把受教育者看成是被动的客体,这种单向性的灌输方式使得部分人从情感上难以接受,甚至表现出反感。这样的教育方法必须改变。有学者提出主体性思想教育的四个维度:全面与个性的目标维度;平等与尊重的伦理维度;实践与交往的方法维度;个人与社会的价值维度。归根结底,就是教育者要把被教育者当成平等的主体看待,将理论教育与自我教育结合起来,将灌输与疏导结合起来,将多种方法综合运用到价值观教育的过程中去。要广开言路,让大家敞开思想,把各自的观点和意见充分表达出来,把对现实问题的疑惑和迷惘加以疏导,将各种不同的思想和议论引向正确的方向上,实现价值观教育形式的创新。

2.示范群体的失范导致榜样的缺失

榜样的力量是无穷的。“村看村,户看户,群众看干部”,在社会主义核心价值观建设过程中,领导干部践行社会主义核心价值观的好坏,无疑影响着人们行为的价值取向。官德带动民德,对于全社会价值观的确立具有根本性的导引意义。

就现实而言，领导干部自身的价值体系建设尚未完善，主要表现为：

第一，价值观念淡化，价值标准降低。有的领导干部对政治道德没有足够的认识，缺乏坚定的共产主义信仰，甚至转而信仰宗教迷信。无论组织部门还是领导干部自身，都普遍存在着重视能力提高而轻视道德完善的问题。调查显示，某些领导干部对于自己应当遵循的道德原则与规范知之甚少，不仅对于社会主义市场经济的道德要求不能完全理解，甚至对于“为人民服务”与集体主义的道德要求理解都不准确、不深刻，这必然导致价值判断标准的混乱与道德行为的失范。

第二，少数党员干部政德失范现象没有得到有效的防范和纠正。在职业道德方面，官僚主义、形式主义、家长制作风还很普遍；跑官要官、买官卖官现象仍有市场；拉帮结派、亲亲疏疏，屡禁不止；权利寻租、贪污受贿无法杜绝。在家庭道德方面，有些领导干部缺乏家庭道德责任感，生活情趣低下，贪图享乐，追求刺激，认为生活作风问题是小事、小节；不少领导干部在美色面前经不住诱惑，成为牺牲品。在社会公德方面，追求奢华，讲排场，重场面，重义气忽视原则，重情义不讲制度、甚至不讲法律，成为一些领导干部的处世方式。

第三，领导干部价值体系建设的相关机制不健全、不完善，主要表现为：领导干部道德建设工作机制不健全，道德建设责任机制缺失，价值评价机制不健全，道德监督机制缺失。对领导干部的道德状况缺少必要的外部监督，内部思想道德评价和监督也缺少专项安排和落实。班子成员之间一团和气，不能展开批评与自我批评；即使开展批评与自我批评，也是避重就轻，相互监督基本流于形式等等。

这些行为和做法与广大人民群众的信任与重托、与党的性质和宗旨、与党员领导干部政治道德的基本要求格格不入、背道而驰。领导干部政治道德失范问题的存在，必然使执政党的政治理想和政治主张受到来自自身的冲击，从而降低其说服力和凝聚力，阻碍社会主义民主政治及法治观念的形成和巩固，影响社会主义核心价值体系建设。领导干部的价值失范助长了社会价值的普遍失范。《中国共产党廉洁从政准则》和《中国共产党纪律处分条例》的出台，对党员领导干部的立德、立规，对领导干部践行社会主义核心价值观起到重要的推动作用。

3. 价值观教育实效性差

价值观教育一直被高度重视，但是教育的实际效果不尽理想，究其原因有如下几个方面：

第一，从价值教育的对象上看，我们相对更重视对未成年人的道德教育，而忽视对成年人的道德教育，教育对象未能实现全覆盖。成年人更多关注自己的事业与成就，关注自我价值的实现，而忽视自我道德品质的进步与完善。其实，每个成年人既是教育者也是受教育者，道德的进步与完善伴随着人的一生，每个成年人都应该树立终身学习的观念，人生的每一阶段甚至生活的每一时刻都不能放弃对道德的追求，否则的话，也不能很好地完成教育未成年人的任务。

第二，不能按照价值观的规律进行教育。对于幼儿园的小朋友，教育的内容是爱党、爱祖国、爱人民；对于成年人，却教育他们不要随地吐痰、乱丢果皮纸屑。这是教育内容和教育顺序的完全颠倒，也是教育与实际相脱节。有的则是言行不一：一方面大肆宣传爱国主义，另一方面又对贬低爱国热情和爱国将士的言论充耳不闻；一方面树立了一系列英雄模范人物形象，另一方面对污蔑这些英雄模范人物的现象不管不问；一方面教育孩子们要“五讲、四美、三热爱”，另一方面成年人自己却不讲文明，出行不遵守交通规则，出口恶言，漠视老人。价值观教育如果仅仅停留在表面，就不能真正体现社会主义核心价值体系的实质。

（四）影响社会主义核心价值观建设的社会文化心理因素

在当代中国，多元文化的激荡碰撞、不良社会文化心理的潜移默化和既有思维方式的主观障碍，从不同程度上影响着社会主义核心价值观建设的成效。

在人类历史的长河中，各种思想文化总是相互冲击、交汇、融合，奔腾向前、永不停息。在当今中国，社会主义文化多样化趋势愈加突出，各种各样的文化之间呈现出前所未有的交织、激荡之势。在众多的文化潮流中，资本主义的腐朽思想对社会主义核心价值体系建设的冲击力不能低估。

社会心理是人们对社会结构和社会运行现状较为直接的主观反映。当前，困惑、焦虑成为现代人的典型心理特征。心理上的困惑主要来自两个原因：一是转型期特有的规范缺失。旧的标准、规范不起作用了，但新的标准和规范一时还没有完全建立起来，心理上缺乏规范的约束。二是规范的多元化。开放性所带来的标准的多样性，往往使人们面临更多的选择，于是就有了诸多的不确定性，容易使人产生困惑感和焦虑意识。

思维方式是人们大脑活动的内在程式，它对人们的言行起很大的作用。思维方式一旦形成，就有一定的稳固性，不容易受外界环境的干扰，而在主体心理活动中持续发挥作用。影响人们行为的思维方式有很多，仅就形式主义的思维方式和工作方式而言，已经成为损害我们的事业、不利于社会主义核心价值观建设的主要思维方式。

在形式主义思维方式的表现形态下，掩盖着各种思想和心理，掩盖着脱离群众、脱离实际、无所事事的官僚主义，掩盖着主观与客观相脱离、认识与实践相脱节的主观主义，掩盖着丧失党性、放弃原则的自由主义和机会主义，掩盖着虚荣心、享受欲充盈的个人主义，掩盖着以投机、欺骗为特征的市侩意识。形式主义是核心价值体系的大敌，是建立核心价值观的重要障碍。形式主义的泛滥不利于建立社会主义核心价值观，必须坚决予以反对。

在建设社会主义核心价值体系的过程中，由于形式主义思维方式的干扰，大多表现出形式上很认真，但在落实上却没有下功夫的现象，群众戏称为“实事虚做”。运动式的建设过程没有也不可能取得理想的效果，人们不再停留于运动式建设活动所带来的“听之便受之”的层面，不可避免地产生应付心态，出现“走过场”的现象，导致核心价值观建设低效无力。

三、女大学生核心价值观教育的内容、方法和途径

女大学生社会主义核心价值观教育，应遵循核心价值观教育的一般规律。同时，应结合女子高等院校女大学生的突出特点，创建女大学生社会主义核心价值观教育的特色内容和特色方法。以下结合山东女子学院的办学理念和具体做法，探索女大学生社会主义核心价值观教育的内容、方法和途径。

（一）女大学生核心价值观教育的内容

1. 坤德教育

山东女子学院的校训是“坤德含弘，至善尚美”。坤德，在中国古典文化中

就是指女德，本意是指女性之德如大地般厚重而能包容、滋养万物。我们认为，新时期女性的包容厚重，要求不仅培养女性仁爱、包容、大度的品德，而且要引导培养女性的包容宇宙、关怀人类的思想，形成人类命运共同体的意识。在这个过程中，不只是谋求女性自身的进步和发展，而且关注中国女性与世界女性的共同发展，关注女性与男性的和谐共处、女性与社会的和谐共处、女性与全球环境的和谐共处。女权不是凌驾，而是平等。这一点对于消除社会上一部分人的误解相当重要。校训中的"至善尚美"，是指追求最高的善，与《道德经》所言"上善若水"的思想是一致的。尚美，就是引导学生履行追求美、传播美、创造美的社会责任，培养志趣高雅、气质典雅、举止娴雅、言辞文雅、内外兼修的时代女性。

2.行知教育

对女大学生的行知教育既强调知行统一，又突出了践行的重要性。应当注重行为、行动、实践、能力，应当把能力放在优先的位置。行在前、知在后，以知为基础。这也就是说我们的知识是为养成行为能力、实践能力服务的；我们的教育都不是止于传授知识。有的老师说："我上课就是为了教知识，我就是为了让学生懂得知识。"其实，光要她们懂得知识是不够的，还要让她们在懂知识以后知道能干什么。和学习知识相比较，培养学生独立的人格，平等、尊重、诚信、善待他人的德行，守法的公民意识更重要，所以叫"行知女大"，行在前，知在后。

3.优雅教育

"优雅女大"是山东女子学院的一种品格。所谓优雅，不仅仅是容貌的端庄和举止的得体，更是内心的丰富与美丽，是遇到挫折仍能从容面对，受到伤害仍有爱的能力。教职工要优雅起来，我们的学生要优雅起来，我们的学校更要优雅起来。对于我们的校园文化，需要从优雅的角度去进行塑造。

(1)优雅具有多种含义：①风度举止，不单指外在的美丽；②表现为内心的一种智慧；③善良大度，有品位；善解人意，温柔沉静。

(2)"优雅女大"不能与"坤德女大"合并。坤德，从立德树人的角度讲指包容大度，优雅是着眼于美的气质。

(3)优雅与性别文化的关系。性别文化，是在男女平等的基础上女性所具有的"四自"精神，具有历史的进步意义，是从女性政治学的角度加以解读。作为学校来讲，优雅是从女性人才培养的角度进行定位，性别文化更多的是妇女研究的内容。

(4)优雅是不是贵族化的？优雅存在于生活的方方面面，大众化、平民化同样需要优雅；优雅并非是贵族特有的，另外，贵族优雅气质也是需要我们学习的。

(5)优雅教育不是弱化了女性教育，而是在综合素质教育的基础上对女性教育的强化，是育人的需要，不同于性别文化政治上的需要。如果把女人培养成同男人一样的人，我们的学校就和周围的学校没有了区别，也就没有了生命力。

(6)从优雅教育出发，培养具有多学科背景的素质优良的女性专业人才。比如，艺术教育、会计理财教育、计算机信息技术教育等学科之间打通，学生可以根据兴趣选择学习，目的是培养具有全面才能的女大学生。

4.绿色教育

十八届五中全会讨论通过的“十三五”规划中明确提出了五大发展理念，即创新发展，协调发展，绿色发展，开放发展，共享发展。其中，绿色发展和我们的“绿色教育”是一致的，两者谈的都是生态环境意识，这也是我们山东女子学院追求的一种品格。

(1)环境优美

加强绿色环境创建工作，形成“四区一园”风景带，即龟山风景区、巾帼广场风景区、好媛广场风景区、校友林风景区和女院生态园。围绕“卓越女院文化”这条主线，逐步打造清新整洁、优雅舒适、和谐有序的校园环境文化，把学校校园建设成为生态校园、人文校园、魅力校园。

(2)节能环保

创建环保及节能型校园对女子高等院校的发展具有十分重要的意义。在校园建设的过程中，需考虑建筑的整体布局以及在照明、冷暖、节水及通风等方面节能环保。与此同时，加强女子高等院校的节能环保教育，每逢“爱鸟节”“植树节”等环保节日，可组织一些有针对性的宣传教育活动，增强师生环保意识。从节约一滴水、一度电、一张纸做起，节约一切可使用的资源，做好固体废弃物的处理工作，杜绝“白色垃圾”，保护绿色校园生态环境。

(3)低碳方式

低碳就是指低能耗、低污染、低排放，即用最少的资源消耗和环境污染换取最大的经济效益。当前，发展低碳经济，倡导低碳生活方式，建设低碳社会已成为全社会关注的热点。需大力倡导低碳生活方式，营造低碳生活氛围，促进低碳校园建设。要提高女大学生低碳生活意识，把普及低碳知识、倡导低碳生活方式、传播科学思想和方法作为女子高等院校科普工作的一项重要内容。不断创新科普方法，加强女子高等院校科普设施建设，加快提高女大学生科学素质，倡导普及低碳生活方式，为建设低碳校园发挥应有的作用。

5.幸福教育

女性是家庭幸福的“晴雨表”。培养女性获取幸福的能力很重要，现代女性不仅要追求家庭幸福，还要追求职业幸福。女子高等院校办学的目的是要培养德才兼备的女性人才，同时，也需要让我们的老师们、职工们在学校里面有幸福感、成就感，要让我们每一个人在学校都有自己不可替代的位置。这是我们的一种追求。这种追求不一定在每个学校都会被重视，但当我们把它作为一种价值观去追求的时候，作为我们学校个性的一个重要方面的时候，去把它贯穿到我们的工作中长期坚持的时候，它就成了我们学校的一个特色，成为我们学校的一种特征。

(1)建立现代大学教育制度

教育的本质是让人有尊严，走向崇高，让每个生命成为最好的自己，过幸福完整的生活。这就要求在教育的过程中尊重每一个生命个体，而不是用一把尺子去强调、去衡量每个人的价值大小。我们现在的教育不是把人作为目标，而是把人作为工具，去实现某个目标，完成某项工作、任务。只有建立了现代大学教育制度，才会有独立、自由、民主的大学精神。

(2)提升幸福力

幸福是一种能力，是一种习惯。现代大学教育制度是实现幸福的制度保障。幸福既有生理层面的，也有精神层面的。精神层面的幸福感更强烈、更持久。所谓幸福，是经过思考的行动，经过努力的成功，经过等待的满足。幸福是一种感受，更是一种能力。拥有一定的物质基础，热爱生活，富有情趣，达观务实的人生态度，都是提升幸福力不可或缺的因素。

(二)女大学生核心价值观教育的方法

学校用社会主义核心价值观教育、引导、培养学生的方法,涉及教育过程的不同环节和不同层面的主体。实施方法主要包括思想引导法、榜样引导法、环境熏陶法、实践感悟法、文体艺术熏陶法、心理咨询法和奖惩教育法等。

1.思想和榜样引导法

思想引导法也称之为"说理法""灌输法",它由许多具体方法构成,是一个系列化的方法。思想引导包括理论教育。而榜样引导法就是教育者以引入或树立榜样的方式和师表风范,引导和激发学生通过学习榜样,培育、践行正确人生观、社会主义核心价值观的方法。思想引导法和榜样引导法都是一种显性的教育方法,它主题明确,思想性、说理性、系统性和典型性强。具体包括讲授法、座谈法、谈话法和典型示例法。通过传授知识、讲授道理、主题座谈、树立时代楷模等,对女大学生进行思想教育、理论武装、价值引导的融入方法,也是一种最常见、最普遍的融入方法,学生们容易接受。例如,山东女子学院处处可见历史上杰出女性、当代优秀女性的展板、宣传栏,特别是要选择或树立学生身边的榜样,这样更具有说服力,能够得到学生的认同。运用好榜样的力量,引导学生学习榜样的立场、情感、价值取向等精神因素,扬起希望的帆,在前进的道路上不再迷茫。

2.环境熏陶法

环境熏陶法是指教育者通过创造良好的环境对学生施加积极影响,滋养学生心田,陶冶学生情操,启迪学生觉悟,引导学生行为的教育方法、融入方法。环境熏陶法是一种隐性的教育方法,学生置身其中的学校环境是渗透着诸多人为因素的客观存在,它对学生的影响主要是自发产生的,同时要靠学生去识别、去选择、去感悟。运用环境熏陶法应当注意以下几点:一是要增强环境熏陶的自觉性,避免对环境影响的作用认识不到位,对学校环境建设不够重视。二是坚持有形环境与无形环境、物态环境与非物态环境建设、熏陶的统一。两者不可偏废,但更重要的是注重校风、教风、学风等无形、非物态环境的建设、熏陶。三是要坚持宏观环境与微观环境建设、熏陶的统一。四是要引导学生参与环境建设,在参与中惠及他人,涵养、升华自己。

3. 实践感悟法

实践感悟法是指教育者通过组织、引导学生参与社会实践，在实践中开阔眼界、增长见识、感受劳动的艰辛与快乐、提升社会认知、增强能力的教育方法。社会实践包括道德实践。实践感悟法是一种显性的教育方法，引导学生在社会实践中感悟，是社会主义核心价值观融入学校教育的重要方法。运用实践感悟法应当注意以下几个方面：一是要坚持多种社会实践形式并存。社会实践形式的多样性、丰富性，是学生获得感悟、启迪的必要条件，因此要避免社会实践形式的单一。二是要加强社会实践的指导和管理工作。要注意引导学生组织、参与社会实践，动真情、做真事、干实事，以培育学生求真、务实、诚信的品质。三是引导学生以辩证的观点、思维看待人和事，看待社会现象。教育者应当注意引导学生学会看本质、看主流、看各方面的积极努力、看发展趋势。如果不注意引导，也许社会实践的效果会适得其反。

4. 文体艺术熏陶法

文体艺术熏陶法是指通过组织、引导学生参与文体艺术活动、接受文体艺术熏陶，净化心灵世界，开阔文化视野，提高文化品位、审美情趣，激发积极情感，鼓舞士气的教育方法、融入方法。文体艺术熏陶法是一种隐性的教育方法。文体艺术熏陶法的有效运用应当注意以下几个方面：一是要丰富校园文体艺术形式，力求文明健身、雅俗共赏、争奇斗艳、交相辉映。任何一所学校的资源都是有限的，为此要善于利用社会包括其他学校的文体艺术资源。二是要鼓励和引导学生既要乐于做一个欣赏者，更要做一个创作者、展示者和践行者。三是提升文体艺术展示形式的品位和吸引力，既要有思想性，又要有艺术性；既要有价值引导意义，又要有感染力和实效性。

5. 心理咨询法

心理咨询法是指通过心理疏导，帮助学生排解心理困惑，消除心理疑虑，走出心理偏执，摆脱心理危机，恢复和保持心理健康的教育方法。心理咨询法是一种显性的教育方法。教育者作为咨询者，应当注意以下几个方面：一是要平等对待和尊重接受心理咨询的学生，消除学生紧张情绪，创造和谐的咨询环境。二是恪守保密特别是保护隐私的原则，不得以任何方式对外泄密。三是要循循善诱，引导学生把内心的困惑、疑虑等问题说出来，切实做好心理疏导。四是要给予学生有效的指导，帮助学生调适心理、矫正心理、调整行为。五是要注意跟踪咨询，做好心理咨询后续工作，确保学生恢复和保持心理健康。

6. 奖惩教育法

奖惩教育法是指通过表扬和批评、奖励和惩罚、肯定和否定褒奖先进，鞭策落后，弘扬正气，抑制歪风，从而引导学生积极向上、扬长避短、不断超越自己的教育方法、融入方法。奖惩教育法是一种显性的教育方法。无论在社会生活还是在校园生活中，奖惩都是必要的调节手段。运用奖惩教育法，应当注意以下几个方面：一是奖惩要有依据，既要有制度依据，也要有事实依据。只有这样，奖惩才具有说服力和更大程度的正效应。二是奖惩要实事求是，把握好"度"，力争恰到好处，并坚持公平、公正原则。三是坚持奖惩与教育引导相结合。奖惩是手段，教育引导学生健康成长、顺利发展是目的。四是就奖励而言，奖项的设置应当力求合理，切实达到奖惩教育的目的。

（三）女大学生核心价值观教育的途径

社会主义核心价值观的教育需构建家庭、社会和学校三位一体的教育格局，三个教育环节都很重要。其中学校教育是比较系统、全面、完整、正规的教育渠道。在社会主义核心价值观的教育途径选择上，不同层次、不同类型的学校既有共性，又有个性。在此，重点探讨女子高等院校女大学生社会主义核心价值观教育的个性问题。

1. 特色课程教学与社会实践

女子高等院校通过女性学等特色课程教学与社会实践活动，可有效地开展女大学生核心价值观教育。在特色课程的选择上，多蕴含着一些价值取向，多体现社会意志、国家意志，承载着社会和时代的要求。暑期"三下乡"活动就是通过社会实践舞台，用社会主义核心价值观教育、引导学生，使学生开阔眼界、增长见识、了解社会、感悟责任，有利于开发、彰显学生的自主性和能动性，提高学生分析问题、解决问题和积极适应社会的能力。社会实践已经成为社会主义核心价值观融入学校教育、培养学生的重要途径。

2. 特色队伍建设

学校是培养塑造人的专门性教育机构，培养的对象是学生。每一所学校由专职、兼职教师组成师资队伍。将社会主义核心价值观融入学校教育，必须将社会主义核心价值观融入学校的队伍建设，用社会主义核心价值观武装教职员工特别是教师，让教职员工特别是教师成为社会主义核心价值观的坚定信仰者和忠实践行者，成为学生的榜样，坚定学生认同社会主义核心价值观、培育和践行社会主义核心价值观的信心。特色队伍建设不只是理论教育、思想引导的问题，还应包括队伍管理。在队伍管理方面，制度规范、考核评价、晋升晋级等，都要有鲜明的价值导向。在融入队伍建设方面，重点是对教师的激励和规范、约束。要提升教师的思想政治素质，加强和改进师德师风建设，确保特色队伍建设的实效性。

3.特色活动与礼仪

特色活动是指与学生有关的各种活动，即非课程教学类活动。活动包括学校内部各层次、各方面包括学生组织开展的思想教育活动、文化活动、创建活动、体育活动、礼仪活动等。礼仪蕴含价值，传递价值，也能生成价值。把社会主义核心价值观融入礼仪，这种礼仪就有了更加丰富、更加先进的价值内涵。把社会主义核心价值观融入学校教育，内在地要求融入特色活动与礼仪的全过程。在今天这个时代，社会价值观念多元化发展，不同文化相互激荡。在这种文化背景下，显性和隐性的教育都十分必要。特色活动与礼仪是主要的隐性的融入途径、教育方式，各级各类学校应当高度重视对这一融入途径的开拓创新。

4.特色校园环境

任何人都生活在一定的环境之中，任何人都会受到环境的影响。在学生置身其中的学校环境中，既有物态环境，如校园建筑、校园自然环境等，又有非物态环境，如校风、学风、校园媒体等精神文化环境。在学校环境建设中，物态环境应当体现尊重自然、顺应自然的精神，应当承载着教育意义，体现学校的传统、特色、价值取向，给学生以心灵的启迪、积极的暗示、含蓄抑或明确的导向。在学校环境建设中，非物态环境的建设更加重要，也更加困难。为此，要强化非物态环境的建设，从而形成体现社会主义核心价值观要求和时代特征、学校特色的学校文化、群体心理、精神氛围，让学生在这种文化、精神氛围的沐浴下健康成长。

5.特色学生管理

特色学生管理是针对女大学生的自身特点，由学校各层次、各方面实施的与学生学习、生活、成长发展直接相关的管理活动的总和。主要包括学习管理、生活管理、活动管理和考核奖惩等。特色学生管理是学校教育的重要组成部分，它具有规范约束、明理导行的育人功能。把社会主义核心价值观融入学生管理，就是在学生管理中发挥社会主义核心价值观的引导作用，指导学生的心理、思想、行为方式。学生管理必须要有完善健全的管理制度。制度应当体现科学性，合乎学生身心发展规律，具有规范约束作用，便于操作，具有鲜明正确的价值导向；同时，制度还要有效执行，这是基础，是根本，是解决女大学生核心价值观教育的关键。

四、社会主义核心价值观与思想政治教育创新

近代以来，中国人民的奋斗目标、中国梦的重要内涵，就是寻求国家的价值内核，实现社会的共同理想，构建国民的精神家园。从这个意义来说，社会主义核心价值观是人生奋斗的梦想之舵，是中华民族的精神之钙，是当代中国的兴国之魂。当代中国对精神信仰、伦理道德、社会风尚的关注更甚以往，对主流价值和共同信念的归属感尤为强烈。在新的历史时期，高校思想政治教育面临许多新挑战，主要体现在大学生的世界观、人生观和价值观发生了许多新的变化。如何用社会主义核心价值体系引导教育青年学生，帮助他们树立正确的价值观念，是当前高校思想政治教育工作的一项重要而紧迫的任务。教育部出台的《普通高校思想政治理论课建设体系创新计划》中明确指出："以教材体系、人才体系、教学体系建设为核心，以学科支撑体系、综合评价体系、条件保障体系建设为关键，落实思想政治理论课在高校立德树人工作中的战略地位，把培育和践行社会主义核心价值观融入教书育人全过程。"

（一）以人的全面发展为宗旨，注重高校思想政治教育观念创新

以人为本是马克思主义的一项基本原则，是我们党的根本宗旨和执政理念的集中体现。要坚持以人为本、服务群众，满足人民群众日益增长的精神文化需求。思想政治教育不仅要使学生树立正确的世界观、人生观和价值观，更重

要的是全面提升学生的素质，使他们具有参与未来人才市场竞争的能力，帮助他们实现自身的理想和抱负。高校思想政治教育要创新观念，要把大学生作为主体，充分尊重大学生在教育过程中的主体地位，尊重他们的认知方式和表达方式，尊重他们渴望全面发展的合理诉求，激发大学生的积极性和主动性，在交流中推动思想政治教育向纵深发展。要改变以往思想政治工作单调呆板的思维定势，注重人的全面发展。针对毕业生就业工作而言，“以人为本”的“人”是指大中专毕业生，“以人为本”的“本”就是根本，就是出发点、落脚点，就是实现广大毕业生充分和谐就业。即在实现毕业生充分就业的基础上，最大限度地兼顾“人职匹配”和“人岗匹配”的原则，发挥学生的职业潜能，促进毕业生和谐就业，助力大学生的职业发展，这应该成为思想政治教育的根本宗旨。

（二）以社会主义核心价值观为指导，注重高校思想政治教育内容创新

从知与行的角度，发掘每个人心底蕴藏的善良道德意愿、道德情感，让社会主义核心价值观内化为社会群体和个人的意识，外化为群体和个人的行为规范，这样才能产生凝聚力，焕发战斗力，夯实全面深化改革的思想基础。在传统思想政治教育过程中，思想教育、政治教育、道德教育、心理教育等内容构成了思想政治教育内容体系。当前，在毕业生就业结构性矛盾日益凸显和我国就业市场发育日渐成熟的新形势下，迫切需要各高校把大学生职业发展教育纳入到思想政治教育的全过程，摆在学校发展突出的位置。大学生职业发展教育内容应包括大学生职业生涯规划教育、大学生就业指导、大学生创新创业教育。思想政治教育与职业发展教育在人才培养中应密切联系，职业发展教育是思想政治教育的具体化，思想政治教育是职业发展教育的重要内容。对大学生而言，追求理想职业是学习的原动力，也是大学生发展的内在需求，同时也是实现中国特色社会主义共同理想的基础和保障。把大学生职业发展教育融入到思想政治教育的全过程，会使大学生主动思考自己的职业发展方向，正确地认知自己，确立职业目标，唤醒自己职业生涯规划的意识，并在大学生活中有目的地为实现这个目标而积极努力，这与传统的思想政治教育所带来的效果截然不同，能够使学生由被动地接受教育转变为主动规划自己的学习生涯，提高学生对专业知识学习的原动力，从而提升学生将来参与就业市场竞争的能力。

（三）以社会主义核心价值观为指导，注重高校思想政治理论课的方法创新

思想政治理论课作为大学生的公共必修课，是系统地对大学生进行马克思主义理论、毛泽东思想、中国特色社会主义理论教育和思想道德教育的主渠道和重要环节。传统的思政课教学方式一般以课堂讲授为主，着重于理论的灌输，部分老师还采用照本宣科式的教学方式，只许学生“听话”，不许学生“说话”，极易引起学生的反感，难以达到“入心”“入脑”“入行动”的效果。高校思想政治教育者应该注重创新思想政治理论课程的讲授方法，除讲授基本理论知识外，还应注意采用平等式、互动式、启发式、体验式、渗透式、咨询式等方法对学生进行正确的疏导，促使学生进行自我探究式的学习。要改变单一的教学手段，采用电脑、网络、多媒体等现代化教育技术手段，增强课堂教学的趣味性和吸引力；要尽量考虑到大学生在接受思想政治教育上的差异性，尊重大学生的兴趣差异、智力差异和性格差异，因材施教地选择教育形式、内容等，最大限度地适应大学生的个性特点，以增强思想政治教育的针对性和有效性。

（四）以社会主义核心价值观为指导，注重思想政治教育的载体创新

第一，要认真抓好课堂教学工作。课堂教学是大学生接受教育、提升思想道德素质、学习科学文化知识的主要场所，是思想政治教育的重要载体。高校要坚持发挥课堂教学在思想政治教育过程中的主阵地作用，主动根据新时期大学生的特点和需求，及时调整教学思路，修订教学内容，改进教学方式方法，重点加强对学生的情商培养，注重诚信教育、意志品质教育、责任担当教育、礼仪沟通教育，尤其是交际沟通、组织管理、团队合作等核心能力的培养，做到课堂教学内容贴近学生实际需求。第二，要充分发挥网络阵地在传播社会主义核心价值体系中的优势，主动占领网络教育载体，传播社会主义核心价值体系的理论成果、典型事例、先进文化等，大力弘扬我国在经济、政治、科技、文化等方面取得的卓越成就，增强大学生的民族自豪感和自信心，鼓舞学生的爱国热情和报效祖国的使命感。第三，要加强第二课堂建设，鼓励学生组建符合学校人才培养方向的社团，把社团活动与学生思想政治教育、专业能力培养、职业生涯规划、创业等多方面因素结合在一起，促进学生的全面发展。第四，发挥专业教师

在学生思想政治教育中的育人作用，强化专业教师思想政治教育的责任意识，主动把思想政治教育寓于专业教育的过程中，促进专业教育与思想政治教育的有机结合。

（五）以社会主义核心价值观为指导，注重思想政治教育的体制创新

高校思想政治教育管理体制是贯彻、落实大学生思想政治教育的前提和基础，对教育理论的贯彻及大学生社会主义核心价值体系的培育具有重要的作用。以社会主义核心价值体系指导思想政治教育的体制创新，是强化学生思想政治工作的有力保障。第一，要进一步健全和完善学校党委统一领导、党政齐抓共建的领导体制，着重建立一支党政结合、全员参与的工作队伍，通过完善党政领导的责任机制，健全各部门的协调机制，真正落实思想政治教育的目标任务。第二，要创新师资队伍管理体制，建立制度化的人才更新机制，确保思想政治教育师资的专业性，注重高校学生工作人员在思想政治教育方面的重要作用，把优秀的辅导员纳入思想政治教育师资队伍。第三，建立和完善科学的评估和考核机制。把高校思想政治教育工作作为对高校办学质量和水平进行评估考核的重要指标，制定高校思想政治教育工作测评体系，对思想政治教育效果的评估应侧重学生的体验、分析、思考及处理问题的能力。第四，要进一步完善投入保障机制，加大对大学生思想政治教育工作的经费投入、科研投入和培训投入，为高校思想政治教育的可持续发展提供有力支撑。第五，要加强以师德师风建设为重点的育人机制，不断丰富和深化对师德精神内涵的认识，培养具有学识魅力与人格魅力的教师，使教师成为社会主义核心价值体系的坚定拥护者、宣传者、倡导者和践行者，为学生树立表率作用，引导学生自觉践行社会主义核心价值体系，努力成为知行统一、品行良好的社会主义事业的建设者和接班人。

国无德不兴，人无德不立。习近平总书记曾说："世界上没有两片完全相同的树叶。一个民族、一个国家，必须知道自己是谁，是从哪里来的，要到哪里去。想明白了、想对了，就要坚定不移朝着目标前进。"[①]社会主义核心价值观，既是

---

① 习近平：《青年要自觉践行社会主义核心价值观——在北京大学师生座谈会上的讲话》，2014 年 5 月 5 日《人民日报》。

个人的德，也是国家、社会的大德。女大学生积极培育和践行社会主义核心价值观，对于推动国家发展、社会进步和自身的成长成才，具有重要而深远的意义。培育和践行社会主义核心价值观是一项人心工程、灵魂工程。加强高校思想政治教育工作，引导女大学生树立正确的价值观，真正把社会主义核心价值观内化于心、外化于行，将社会主义核心价值观的教育宣传活动融入高等教育和精神文明建设全过程，同改革开放的实践经验和伟大成就联系起来，同全面建成小康社会的奋斗目标联系起来，我们就能不断形成更加广泛的价值认同，不仅可以为国家发展助力，更可以为民族进步铸魂。

第二章

女大学生婚恋观调查研究

女大学生正值青春韶华，树立正确的恋爱观与婚姻观，处理好自己的感情生活和家庭生活，有利于自身顺利地成才成长。古往今来，世间男女为寻找自己的另一半都在不断地追求着、寻找着。然而，男性和女性的恋爱需求与心理存在很多不同。通常情况下，男性多扮演追求者的角色，比较注重感官的满足。女性多扮演被追求者的角色，比较注重情感体验，具有较强的依附性。[①] 爱情是男女之间基于一定的物质条件和生活理想，在各自内心形成最真挚的互相倾慕，并渴望对方成为自己终身伴侣的一种最强烈的感情。这个意义上的爱情不是自古就有的，它是人类社会发展到一定历史阶段的产物。马克思主义认为，爱情既有其自然属性，也有其社会属性，是自然属性和社会属性的统一，但其本质在于它的社会性。正是爱情具有社会性，有了社会对于爱情的相对统一的要求和约束，爱情才能够超越人类的性本能，成为人类一种最高尚、最优美和最诚挚的情感。因此，婚姻的缔结和家庭的建立应该以爱情为基础，倡导树立正确

① 参见王蕾蕾、李桂燕：《女性学》，科学出版社 2013 年版，第 157～158 页。

的婚恋观和建立平等、文明、和谐、稳定的家庭关系。社会的和谐来自于人类关系的和谐，而在人类社会关系中，两性关系的和谐对构建和谐社会具有十分重要的作用。婚姻家庭的和谐稳定是关乎社会和谐稳定的最基本要素。在婚姻家庭关系中，女性地位的高低依赖于法律政策对于女性各项权益的保护，依赖于先进性别文化的引导，也依赖于女性自身的不断觉醒。进入 21 世纪以来，人们在婚姻观念、情感选择等方面发生了新的变化，家庭领域出现了许多新的问题，择偶标准、婚姻态度、婚姻质量、夫妻财产等问题受到人们更多的关注，这其中就包括女大学生婚恋观问题。女大学生要树立正确的恋爱观，对爱情采取审慎严肃的态度，处理好学习和恋爱的关系，妥善解决恋爱中出现的误会、失恋等问题，避免在恋爱问题上把握和处置失当。如果在大学时代与爱相逢，那就应用心呵护、倍加珍惜。处理好恋爱中的各种关系，是对爱情的祝福，也是对自己的祝福，更是对未来幸福人生的祝福。

一、概　述

当前，我国正处在经济转轨、社会转型的关键时期，利益关系需要深刻调整，各种矛盾问题相互交织。女子高等院校与社会联系日益紧密，女大学生接受知识和获取信息的渠道正在发生深刻的变化，女大学生思想意识和价值取向的独立性、选择性、差异性特征日益明显，女子高等院校思想政治教育的任务更加艰巨。随着大学生恋爱问题的逐年升温，婚恋观教育已引起相关部门和女子高等院校思想政治教育者的高度重视。目前，罗国杰的《思想道德修养与法律基础》(高等教育出版社 2015 年版)教材已将“大学生的恋爱观与婚姻观”作为专门章节。但教育者受传统思想束缚较深，对大学生婚恋观教育问题认识不足，导致教学效果不显著。在有限的婚恋教育中，教育者往往对学生的婚恋教育流于表面，不能给学生以实质性的指导。对大学生婚恋问题的漠视和忽视，客观上弱化了婚恋观教育的效果。同时，婚恋观教育内容存在滞后问题。在现有的大学生思想道德教育教材中，婚恋观教育篇幅较少，内容粗略、滞后，缺乏与时俱进的发展与更新；重传统道德原则教育，轻恋爱方法、技巧、艺术的教育，忽视理论与实践相结合，尤其是有关性的教育在很多高校还是空白。针对当代大学生婚恋观呈现的特点和现行婚恋观教育的不足，女子高等院校思想政治教育工作者必须改变教育理念，更新教育内容，创新教育方法，使婚恋观教育不仅能促使大学生树立正确的婚恋观，更能解决大学生的实际问题，实现教育育人、管理育人和服务育人。

女子高等院校思想政治教育者应鼓励大学生追求美好的爱情，主动关注大学生的恋爱生活，及时纠正不正确的婚恋观念和恋爱行为，疏导恋爱矛盾和纠纷，排查“安全隐患”。要丰富婚恋观教育内容，增强教育的实效性。婚恋观教育必须贴近生活、贴近实际、贴近大学生思想，帮助解决问题。将性生理知识、性心理知识、性道德教育融入婚恋观教育中，引导大学生正确解读西方的“性解放”与“性自由”思想，树立健康的性观念。加强恋爱与婚姻统一性教育，培养婚恋责任意识；树立恋爱婚恋道德教育与恋爱艺术教育并重的意识。这既是女子高等院校思想政治教育的重要内容，也是女院在女性教育方面的特色和优势。

高校公共理论课“思想道德修养与法律基础”是一门必修课，教材第五章“遵守道德规范，锤炼高尚品格”中的第三节第二部分教学内容是大学生的恋爱观与婚姻观。为搞好课堂教学，了解学生、特别是女大学生在择偶标准、敏感问题以及婚姻态度等一系列问题的看法，强化女大学生婚恋观教育，引导帮助学生树立正确的婚恋观，我们在山东女子学院授课的部分班级中进行了“女大学生婚恋观问卷调查”。调查结果显示，大部分女大学生在婚恋观上所折射出的世界观、人生观和价值观是基本正确的。引导女大学生树立正确的婚恋观，应重点强化六个方面的教育：(1)强化男女平等以及女性人格独立意识的教育，(2)强化女大学生摒弃陈腐观念、大胆寻求真爱的爱情观教育，(3)强化女大学生去功利化、去物质化的道德观教育，(4)强化女大学生慎重对待婚前性行为、正确处理两性关系的性知识教育，(5)强化女大学生心理素质教育，(6)强化女大学生家庭美德、婚姻法教育等。①

---

① 参见叶友华：《女大学生婚恋观调查研究》，《中华女子学院学报》2010年第5期。

二、研究方法

(一)研究对象

调查采取抽样问卷调查的方式。调查对象是在山东女子学院 2009～2010 年第一学期授课的所有班级,包括装潢艺术与设计、新闻采编与制作、环境艺术设计、动漫、人物形象设计、中澳会计、中澳旅游等不同专业的女大学生。其中,文史类学生占 43.3%,艺术类学生占 56.7%。共发放问卷 200 份,回收问卷 180 份,回收率为 90%,有效问卷为 180 份,有效回收率为 90%。

(二)研究工具

为收集到必要的信息,调查研究采用问卷调查法,个人设计调查问卷并负责收集整理,最终形成本研究调查问卷。设计内容包括四部分 21 题。第一部分是“基本情况”,第二部分是“择偶标准”,第三部分是“敏感问题”,第四部分是“婚姻态度”。通过对调查数据进行统计分析,得出每一选项所占的比例,即样本与总体之百分比。①

(三)统计方法

调查主要运用《GB/T19001—2000 的统计技术指南》中规定的统计方法收集、整理数据,并使用相应的方法列表,对调查数据进行统计分析。

三、研究结果

(一)恋爱经历

调查问卷显示,现在有男朋友的女大学生 83 人,占 46.1%;没有的 96 人,

---

① 参见中国认证人员与培训机构国家认可委员会:《GB/T19001—2000 的统计技术指南》,中国计量出版社 2007 年版,第 64 页。

占53.3%;弃权1人。有过恋爱经历的91人,占50.6%;没有的58人,占32.2%;弃权31人。有过1次恋爱经历的51人,占28.3%;两次恋爱经历的39人,占21.7%;三次以上14人,占7.8%,弃权76人。中学、大学阶段有过恋爱经历的人数占总人数的一半左右(见表2-1)。

表2-1 恋爱经历调查结果 单位:%

	有	没有	弃权
男朋友	46.1	53.3	0.6
恋爱经历	50.6	32.2	17.2

(二)择偶标准

选择男朋友最主要的因素排序依次是:选择"人品"的139人,占77.2%;选择"责任心"的92人,占51.1%;选择"性格"的88人,占48.9%;选择"孝顺"的87人,占48.3%;选择"家庭背景"的49人,占27.2%;选择"学历"的45人,占25.0%;选择"健康状况"的35人,占19.4%;选择"有共同语言"的34人,占18.9%;选择"外貌"的28人,占15.6%;选择"幽默感"的14人,占7.8%;其他2人,占1.1%。

在回答"你会选择学历比自己低的男朋友吗?"一题时,认为"学历无所谓"的32人,占17.8%;选择"如果有情投意合的可能会考虑"的90人,占50%;选择"基本上不会"的30人,占16.7%;"绝对不会"的有28人,占15.6%(见表2-2)。

表2-2 择偶标准调查结果 单位:%

	无所谓	暂不作考虑(情投意合可考虑)	基本上不会	绝对不会
姐弟恋	15	46	28	11
比自己矮的男朋友	2.6	14.3	32.7	50.4
比自己学历低的男朋友	17.8	50	16.7	15.6

在回答“你比较容易接受什么样的追求方式?”一题时,选择“大胆追求”的有 11 人,占 6.1%;选择“循序渐进,感情还是需要相互了解”的 71 人,占 39.4%;选择“我觉得真心对我好就行,什么样的追求方式不是很重要”的 98 人,占 54.4%。可以看出,追求方式取向相对保守。

(三)敏感问题

在回答“是否介意你的男友是处男”时,回答“不介意”的 69 人,占 38.3%;选择“介意”的 105 人,占 58.3%。

在回答“你怎么看待周围一些女大学生被包养的社会现象”时,选择“出于自愿,无可非议”的 48 人,占 26.7%;选择“追求虚荣和富贵,一步登天,不值得提倡”的 115 人,占 63.9%;选择“无所谓”的 10 人,占 5.6%。

在回答“你对允许在校大学生结婚的规定持什么态度?”时,选择“接受,大学生都是成年人,有结婚的权利”的 124 人,占 68.9%;选择“不能接受,大学生结婚时机不成熟”的 42 人,占 23.3%;弃权 14 人。

在回答“婚前同居、一夜情和试婚”等问题时,持“应慎重对待,不反对,但自己不会这么做”的观点者居多(见表 2-3)。

表 2-3　　敏感问题调查结果　　单位:%

	坚决反对	慎重	不反对但自己不会做	无所谓
婚前同居	21.6	39.3	33.8	5.3
一夜情	37.2	13.3	46.1	3.4

(四)婚姻态度

在婚姻问题的态度取向上,“打算结婚”的占 80%,“打算 28 岁之前结婚”的占 48.9%;当家庭与事业发生冲突时,选择“以家庭为主”的高达 80%。家庭结构模式的选择情况是“核心家庭”比例最高,占 43.9%,其次是“扩展家庭”,比例为 32.8%(见表 2-4)。

表 2-4　　婚姻态度调查结果

婚姻态度		百分比(%)
婚姻意向	单身	20
	希望结婚	80
家庭结构模式	丁克家庭(二人世界)	14.4
	核心家庭(父母、孩子)	43.9
	主干家庭(祖父母、父母、孩子)	3.3
	扩展家庭(祖父母、双方父母、孩子)	32.8
	其他	5.6

通过上述调查与分析可以得出结论:山东女子学院女大学生婚恋观的主流是理性健康的,大部分女大学生在婚恋观上所折射出的世界观、人生观和价值观是基本正确的。一是大学生对婚恋的态度严肃认真,注重感情。调查数据显示,大学生谈恋爱的人数为50.69%,是比较普遍的。绝大多数大学生并未刻意去恋爱,而是抱着一种平和自然的心态对待爱情,顺其自然的心态反映了当代大学生对恋爱问题有一种比较理性的态度。由此反映出绝大多数大学生恋爱的思想是积极向上的,重视感情在恋爱中的重要意义;恋爱的态度是认真的,重在选择人生伴侣。二是大学生择偶标准健康理性。以往公布的调查结果反映大学生恋爱的功利性是比较强的,但是,这次的调查数据告诉我们,绝大多数大学生在恋爱方面有健康的选择标准,能把品性、感情和能力摆在最重要的位置。

四、分析与思考

所谓婚恋观,是指男女双方对恋爱、婚姻和性的根本看法和态度,包括对爱情本质、择友标准、恋爱道德、恋爱与婚姻关系、婚姻道德与责任等一系列问题的看法和态度。婚恋观是世界观、人生观和价值观的重要组成部分。它不仅是校园文化建设的内容,也是学生日后走向社会重要的人生坐标。当今社会,随着大学扩招政策的出台,很多学校为学生提供了专升本、本硕连读、本硕博连读的学习机会。这样,学生在校学习的时间越来越长,在校学习和恋爱结婚在时间上会有重合。大学生应树立正确的婚恋观，在校期间能够正确处理好学习与婚恋之间的关系。为此，国家也在2005年出台了“允许在校大学生结婚”的相关政策。因此，在德育课程教学中，必须善于发现学生认识上的误区以及行为上的偏差，加以针对性的指导，以确保大学生能够收获一个丰富、幸福的人生。

根据山东女子学院问卷调查情况，我们认为对当前女子高等院校女大学生在婚恋观的教育方面，应重点强化以下六个方面的教育：

（一）强化女大学生男女平等以及女性人格独立意识的教育

通过问卷调查，反映出部分女大学生有男性强权、女性弱势的心理，这必然导致日后女大学生在行为上的依赖、顺从、甚至盲从。不可否认，现实社会中在就业方面仍然存在歧视女性的现象，但这既不是主流，也不是发展趋势。因此，我们在教学中要通过典型案例树立女性成功的榜样，通过正式课程的传授和校园文化、校园环境等隐蔽课程的渗透影响，帮助女大学生树立自尊、自爱、自强、自立的“四自”精神，真正践行山东女子学院的学院精神——自强不息、百折不挠、求实创新、不断攀登，从而实现山东女子学院为经济社会与妇女事业发展培育应用型女性高级专业人才的培养目标。

（二）强化女大学生摒弃陈腐观念、大胆寻求真爱的爱情观教育

爱情是一对男女基于一定的社会基础和共同的生活理想，在各自内心形成的相互倾慕，并渴望对方成为自己终身伴侣的一种强烈、纯真、专一的感情。性爱、理想和责任是构成爱情的三个基本要素。

在问卷调查中，部分学生过多地考虑世俗的观念，包括身高、学历、年龄，以及是否有婚前性行为等因素。这些外在因素并不能反映一个人的本质特征，所以不能过分地放大考量，在一些非本质的外在因素上应呈现出多元化的选择趋向。女性也不应一味被动地等待男性追求，也应主动大胆地追求自己心仪的“白马王子”。

（三）强化女大学生去功利化、去物质化的道德观教育

部分女大学生反映出“干得好不如嫁得好”的心理，这一观点有很深刻的历

史根源和现实根源。我们应帮助学生分析它、认识它，并通过典型案例使学生认识到功利化、物质化的爱情观换不来真正的爱情，甚至会成为不幸人生的诱因。在恋爱中，也要受到道德的约束，恋爱中的道德要求体现在如下几方面：

1. 尊重人格平等。恋人间要尊重彼此，主要是尊重对方的独立性和重视双方的平等地位。恋爱的双方在人格上都是独立的，如果把对方当作自己的附庸，或依附对方而失去自我，都是对爱情实质的曲解。恋爱双方在相互关系上是平等的，都有给予爱、接受爱和拒绝爱的自由，放纵自己的情感或者对对方予以束缚或强迫，都不符合恋爱的道德要求。

2. 自觉承担责任。自愿为对方承担责任，是爱情本质的表现。无论对方处在顺境还是逆境，是富裕还是贫穷，是健康还是伤病，爱一个人或接受一个人的爱，就要自觉地为对方承担责任。责任常常体现在生活的点点滴滴之中。

3. 文明相亲相爱。文明的恋爱往往是恋爱双方既相互爱慕、亲近，又举止得体、相互尊重，而绝不是在态度、举止、语言等方面的粗俗和放纵。恋人出入公共场所，要遵守社会公德，不要给他人生活和公共生活造成不良影响。

遵从恋爱道德，就是在现实生活中去维护真正的爱情，这是保持爱情长久的秘密所在，没有道德的护佑，爱情也不会长久。①

（四）强化女大学生慎重对待婚前性行为，正确处理两性关系的性知识教育

目前，大学生“试婚”“婚前同居”的现象已不是个别。在我们的教学中，要积极引导学生慎重对待，尽量避免婚前性行为。如果“不在乎地久天长，只在乎曾经拥有”，把爱情当游戏，只重过程不顾后果，既会伤害对方，也会伤及自己。应通过性知识教育，告诉女大学生如何采取正确的方式保护自己，避免学生因一时冲动造成身体和心理的双重伤害。

长期以来，我国高校思想政治教育主要依靠“两课”教师、辅导员和党政机关思想政治教育工作者，通过灌输式理论教学和主题讲座进行。这种教育形式较适宜于团体性普及教育，比如传授基本的婚恋常识、婚恋关系的权利和义务、恋爱道德与婚姻法律责任，但不适合就一些具体问题进行互动交流和个体性的

---

① 参见罗国杰：《思想道德修养与法律基础》，高等教育出版社2010年版，第165页。

指导。而婚恋问题具有强烈的个体性，每个人碰到的婚恋问题各不相同，需要具体问题具体对待。在大学生的婚恋观教育上，现行的教育方法手段单一、粗糙，预防性教育不足，惩罚性教育有余，不能体现以人为本的教育理念。由于婚恋观教育"浅尝辄止"，学生的具体问题、焦点问题得不到解决，使得大学生在处理恋爱问题时违法违纪行为层出不穷，如为恋爱旷课、私自在校外租房同居等。教育者平时对学生的恋爱不管不问，出现问题时往往用严格的校纪校规进行处分，有的学生甚至因此断送学业。

（五）强化女大学生心理素质教育

为适应当代大学生多渠道获取信息的方式，尊重不同性格特征学生的交流、沟通方法，思想政治教育工作者应充分利用现代化的互联网信息技术，开辟便捷的服务渠道开展心理健康教育与咨询工作，对学生的困惑及时进行指点与疏导，尤其是要建立恋爱挫折干预机制。完善的恋爱挫折干预机制能帮助学生宣泄、转移不良情绪，减轻痛苦和压力，解除因恋爱而导致的心理危机。开展文体活动，加强人文修养，充实大学生的校园生活，加强和谐校园建设。建设和谐校园是促进学校教育内外协调发展的重要手段，是加强和改进大学生思想政治教育，促进大学生成长成才的重要举措。[①] 一方面，女子高等院校思想政治教育工作者应大力组织开展各种丰富多彩的文娱体育活动，增强集体凝聚力，培养学生高雅的兴趣和爱好，丰富校园生活，转移情感的兴奋点；另一方面，可借助优秀文学作品和经典影视作品的感染力，提升女大学生的审美情趣，增强学生人文修养，体验健康、文明、纯洁、崇高的校园爱情。

（六）强化女大学生家庭美德、婚姻法教育

家庭美德在维系和谐美满的婚姻家庭关系中具有十分重要而独特的功能。家庭美德是每个公民在家庭生活中应遵循的行为准则，涵盖了夫妻、长幼、邻里之间的关系。中国有句老话："家和万事兴。"家庭和睦才会有社会的和谐、事业的兴旺。和谐家庭是以家庭成员的全面发展为基础，家庭成员之间、家庭与社

---

① 参见莫文秀：《论女子高校和谐校园建设》，《中华女子学院学报》2007年第3期。

会之间、家庭与自然之间相互和谐的家庭模式，是民主平等、学习求知、创业致富、道德高尚、环保节约的家庭追求。和谐家庭需要加强家庭文化的建设。不同的家庭、不同的职业以及每个家庭成员不同的文化素养，这一切使得每个家庭的家庭文化也截然不同。要建设文明、科学、进取、和睦、民主的家庭文化，营造健康、祥和、向上的家庭氛围，让每一个成员都能感受到家庭的温暖，感受到家庭文化的营养和熏陶。我国长期以来形成的婚姻家庭思想观念是多方面的，综合各方面的因素考虑，婚嫁取向及其与之密切相关的审美观念是问题的关键所在。审美观直接影响到家庭生活与夫妻关系。[①] 同时，婚姻家庭关系不仅需要道德来维系，也需要法律来调整，《婚姻法》是调整婚姻家庭关系的法律规范的总称。当代大学生应在道德软约束和法律硬约束的指导下，规范自己的行为，保护婚姻家庭这个人生的港湾，在成长的过程中深刻体会对婚姻和家庭应当承担的责任和义务。

① 参见邓小南、王政、游鉴明：《中国妇女史读本》，北京大学出版社2011年版，第240页。

第三章

女大学生就业困境调查研究

女性就业，是指女性进入劳动力市场谋得职业，获得劳动报酬。女性就业是女性参与社会经济发展的基本形式，是成年女性的一项基本权利，是其获得与男性同等权利，拥有独立人格的重要条件。随着我国社会主义市场经济体制的逐步建立，女性就业出现政府安置、求职应聘、自我创业等多种途径，这为女性自主参与经济发展提供了更多选择的机会。女性已经成为社会经济发展的主要力量，她们从家庭走向社会，走向传统上男性独居的工作场所，与男性共同承担起推动社会经济发展的重任。经济全球化给中国女性就业带来机遇，同时也带来巨大挑战。在劳动力市场竞争中，女性就业境况更加艰难，其中就业中的性别歧视是全世界女性面临的共同问题，抵制职业场所的性别歧视是实现男女平等就业的关键。因此，需进一步推进男女平等就业法律、制度建设，改变就业领域的性别歧视现象，促进女性广泛就业并进入更高层次的就业领域。当前，经济迅速发展，机遇与挑战并存，当代女大学生在享受美好生活的同时，也面临越来越快的社会发展所带来的压力，尤其是就业压力。社会变革中的大学生的就业问题一直是高等教育界乃至整个社会关注的热点话题。当前，大学生就业状况不容乐观，就业难已成为一个越来越突出的社会问题；而女大学生所面临的就业形势更是雪上加霜，激烈的竞争环境让女大学生倍感压力，毕业即失业已是普遍现象。结合女子高等院校思政课程实践教学，我们需动态、客观地分析女大学生就业状况，重新认识新时期女大学生的就业问题，用新的思路积极探索有效措施，促进女大学生就业，这对推动女性可持续发展和我国两性平等事业的进步具有重大意义。

一、女大学生就业状况

就业问题是现代社会生活中的一个非常重要的问题，也是一个全球性问题，它直接关系到国民经济的发展和国家的稳定。随着我国市场经济的不断深入、竞争的加剧和高校的扩招，大学生就业难问题开始显现。当前，女大学生就业状况不容乐观，存在就业率低、就业岗位稳定性差、就业工资低、从事职业范围狭窄等问题。其中，社会传统文化的偏见、用人单位的局部利益驱使、劳动力市场供求矛盾的尖锐、女大学生自身素质等问题，是导致女大学生就业难的主要原因。对女大学生的一些不合理限制严重影响了她们的就业权和择业自主权。2012 年 5 月 11～12 日，第六届“亚洲女性论坛”在武汉隆重举行。全国妇联名誉主席、原全国人大常委会副委员长、亚洲女性论坛主席彭珮云出席会议开幕式并致辞。她指出，妇女应该与男子具有同等的人格和尊严、同等的权利和地位，提倡男女平等相处，相互尊重，共同进步，协调发展。[①] 因此，女大学生应享有平等的就业权和择业自主权，也应成为“公共场所”的主角。

目前，全国高校毕业生就业形势严峻，主要体现在三个方面：一是高校扩招后的应届毕业生人数比往年有所增多，但是面向毕业生的就业岗位并没有同步增加，再加上下岗失业人员数量居高不下，农村富余劳动力转移规模加大，全国劳动力总量供大于求的局面长期存在。二是往年未能就业的毕业生与新增毕业生叠加，造成实际就业人数更高。往年未能就业的一部分毕业生沉淀到下一年度竞争就业岗位，造成更大的就业压力。三是自 2011 年以来，我国经济已连

① 转引自魏国英、南晓娟：《社会变革中的婚姻家庭与性别文化》，《妇女研究论丛》2012 年第 4 期。

续7个季度增速回落。据有关资料显示，2011年1～4季度分别为9.7%、9.5%、9.1%和8.9%；2012年1～3季度分别为8.1%、7.6%、7.4%，创下自2009年第2季度(7.9%)以来三年新低。2012年第4季度虽然加速增长为7.9%，但2012年全年为7.8%，较2011年9.3%的增幅下降不少，低于过去30年来大部分时间所保持的两位数增幅。2013年1～4季度分别为7.7%、7.5%、7.8%、7.7%。2014年1～4季度分别为7.4%、7.5%、7.3%、7.3%。2015年1～3季度分别为7%、7%、6.9%。从发展态势上看，经济下行压力很大。受此影响，高校毕业生就业形势将会更加严峻。

面对这样严峻的就业环境，女大学生的就业形势更不乐观。据腾讯—麦可思“2010届大学毕业生流向月度跟踪调查”结果显示，2010年女大学生毕业生签约率为21%，男大学生毕业生签约率为29.5%，女大学生签约率比男大学生低8.5%。2012年，腾讯—麦可思调查结果发现，不论是高职、高专、本科还是硕士毕业生，女性签约率普遍低于男性。女大学生通过接受较低薪资和与专业相关度较低的工作来实现就业，其就业质量不言而喻。调查结果显示，女大学生的就业质量明显低于男生，有8.3%的女大学生认为实际签约情况与就业理想不相符的主要原因在于性别本身。同时，女大学生签约薪资明显低于男性。2010届签约的大学毕业生中，男女生的平均签约月薪最大差距为563元，专业对口率女性低12个百分点。女大学生签约率、专业对口率和签约薪资均明显低于男大学生。据2010年8月全国妇联公布的《女大学生就业创业状况调查》结果显示，女大学生求职被拒率较高，求职过程比较艰难，自主创业更难；九成以上女大学生感到用人单位有性别偏见，56.7%的女大学生在求职过程中感到“女生机会更少”。若有“机会”，也只能在加工业、服务业、餐饮业、家政业等行业中选择就业。尤其是在近年来国际金融危机的影响下，大学生就业难的状况愈演愈烈，女大学生就业难问题已经受到了社会各界的广泛关注。

二、女大学生就业困境调查研究

(一)研究方法

1. 研究对象

调查采取抽样问卷调查的方式。调查对象是在山东女子学院2012～2013年第一学期授课的部分班级,有会计学、会计(注会)、财务管理、物业管理、市场开发与营销、审计实务等不同专业的女大学生。共发放问卷200份,回收问卷180份,回收率为90%,有效问卷为180份,有效回收率为90%。

2. 研究工具

为收集到必要的信息,调查研究采用问卷调查法,个人设计调查问卷并负责收集整理,最终形成本研究调查问卷。设计内容包括四部分四十六题。第一部分为"基本情况",第二部分为"就业因素",第三部分为"就业要求",第四部分为"就业实施"。通过对调查数据进行统计分析,得出每一选项所占的比例,即样本与总体之百分比。

3. 统计方法

调查主要运用《GB/T19001—2000的统计技术指南》中规定的统计方法收集数据,整理数据,并使用相应的方法列表,对调查数据进行统计分析。[①]

(二)研究结果

1. 调查结果

本次针对女大学生就业问题的调查研究结果如表3-1所示。

① 参见国家标准化管理委员会:《GB/T19001—2000的统计技术指南》,中国标准出版社2006年版,第64页。

表 3-1　　女大学生就业问题调查结果统计一览表

序号	调查内容	调查数据				备注
1	专业意向	自主选择	听从父母安排、老师建议等	学校选择	其他	
		39%	37%	22%	2%	
2	就业地区（部门）	城市	乡镇、边远地区等	机关事业/国企	中小企业/私企	
		83%	17%	75%	25%	
3	就业信息渠道	招聘会	网络/媒体	家人朋友	其他	
		45%	41%	9%	5%	
4	性别歧视	只限男生	拟付工资差异	聘用期不得怀孕生育	被定义女性工作（餐饮等）	系分项统计
		67%	65%	21%	47%	
5	就业服务要求	就业政策不清楚	希望得到就业指导	最希望学校提供的服务	对学校就业工作满意度	
		78%	67%	就业信息	基本满意	

2. 调查数据分析

（1）选择专业意向的类型分布。对于大多数学生而言，学校和专业之间的抉择是一场艰难的博弈。好学校的氛围能够使人一生受益，而专业的选择直接决定学生今后的发展方向。专业没有绝对的好与坏，关键要看学生的兴趣在哪里，适合自己的就是好专业。本次调查结果显示，能够完全按照自己兴趣选择学习专业的女大学生占 39%，而有 61%的女大学生对专业的选择仍然依靠外部环境，其中，有超过 37%是来源于父母、老师或亲戚朋友的意见。

（2）就业态度状况。女大学生就业态度比较积极，调查结果显示，95%的女大学生多次参加各类招聘会、多次投递过求职简历，就业的主动性和积极性明显提高。在求职过程中，女大学生寻找工作的时间和投递简历的份数多于男生，但获得面试机会却少于男生。95.8%的女大学生认为工作非常重要或比较重要，工作是独立生存的基本保证。这充分说明女大学生追求社会认同和自我价值的意识较强。

（3）理想工作和就业地区的选择分布。稳定、轻松、压力小的工作岗位成为女大学生期望最高、较理想的工作选择，占到42％的比例；能展现自我、学有所用、充分发挥专业特长的仅有15％；选择富有挑战性的工作岗位的仅占11％。选择事业单位、国家机关和国有企业的女大学生比例超过了75％，这说明大学生最理想的就业单位类型是政府部门。就业地区选择在大城市、沿海开放城市的女大学生比例为83％。

（4）在相同学历背景条件下，认为“长相、身高、体形占优的女生更容易找到工作”的占87％。

（5）学生家庭、学校背景因素。家庭背景对就业的作用可能是直接或者间接的。一方面，好的家庭背景可能带来更好的家庭生活条件，有利于学生拓宽视野，提高综合能力；另一方面，学生父母可以利用丰富的社会资源为子女谋取更好的就业机会。这种与生俱来的优势无法改变，但这种家庭背景的优势会进一步加重教育资源分配和劳动力市场竞争的不公平现象。就业市场对强势群体身份的认同和照顾就是对相对弱势群体的不公正对待，80％的毕业生要求就业过程中公平、公正、公开。

（6）学历、专业、户籍、生理、性别、环境等也是导致女大学生就业难的主要问题，尤其是那些理工科专业的女大学生，面临就业难的困境更大。调查结果显示，女大学生认为求职成功的三个最重要因素是专业相关、实践经验和面试表现。

（7）对就业政策的了解程度。高校毕业生的就业难问题已经引起了国家的高度重视，国务院、教育部都先后出台了相关政策文件。但在调查中发现，78％的女大学生对于国家颁布的就业政策不太清楚。调查结果显示，许多高校都开展了“大学生涯规划”和“就业指导”课，但是针对性不够，实际指导效果欠佳。

（8）校方就业服务的实际现状。目前，学校就业服务的内容、方式、质量、水平不能满足实际需求，亟待改进和完善。调查结果显示，女大学生对于校方的就业指导与帮助是非常渴求的，要求有就业政策与形势分析和求职面试技巧培训的占51％。

3. 研究与思考

（1）主观上对就业存在认识偏差。这集中反映在盲目追求部分职业和就业地区，极大地限制了她们的择业范围和专业发挥。当过高的就业期望难以实现时，就会出现频繁选择，最终使低就业成为普遍问题。受个人、家庭、市场和社会等因素的影响，女大学生在专业选择上多数重文轻理；在就业选择上多数拣轻怕重。在竞争性就业环境中，女大学生虽然能够脱颖而出，但在工作中又有受呵护、受保护的心理需求。此外，多数学生持有"一毕业就全部就业"的观点，对就业时间的认识上存在严重误区。

（2）缺乏工作经验和实际操作能力。调查结果显示，48.5%的女大学生认为在找工作过程中的主要障碍是技术能力和实践经验，因缺乏工作经验和应试技巧而被用人单位拒绝的女大学生高达87%。在问及用人单位"女大学生的素质能力有哪些不足"时，59%的单位回答是"女大学生缺乏工作经验和实际操作能力，培养成本高"。可见，缺乏工作经验和实际操作能力影响了女大学生就业成功的几率。

（3）性别歧视是造成女大学生就业难的首要问题。不管是在西方国家还是在我国，男女性别差异一直被视为"自然"差异的结果。性别歧视的一部分原因在于性别差异的意识形态，另一部分在于工作场所的性别分类结构。在工作场所，一些工作被定义为女性的工作，这些工作往往收入较低，升职机会不多，久而久之，就产生了性别之间的工资差距。① 劳动力市场上男性与女性之间的工资差异广泛存在于世界上诸多国家，即使在性别差异指数连续排名世界第一（2009～2010年）的冰岛，两性之间的收入差异依然存在。据相关调查显示，女大学生毕业时只有10%的学生认为求职顺利，70%的女性认为求职过程中存在男女不平等情况。有67%的用人单位在招聘时提出了性别限制，或明文规定女性在聘用期不得怀孕生育；80%以上的女大学生在求职过程中遭遇过不同程度的性别歧视。这可能是造成女大学生就业难的主要原因。为此，女大学生不得不从事专业不对口、低层次、低收入的工作，其就业质量远远低于男大学生。

（4）教育模式与就业结构不匹配。自高校扩招以来，许多学校为了单纯地

---

① 参见朱影、刘捷玉、黄雅倩：《西方女性研究》，中国人民大学出版社2011年版，第85页。

追求招生数量和办学的综合性,致使专业与师资力量、基础设施不匹配,不利于学生专业知识的学习。另外,高等教育专业设置及课程设置有很大的盲目性,使得大学生失业基数增大,而女大学生占其中的绝大部分。近年来,在研究生报考中,应届女大学生的比例有所上升,有部分原因是女大学生为逃避就业难的尴尬境地而作出的被动选择,这将进一步加剧就业难问题,大学生整体就业结构不合理的问题将会进一步显现。

(5)用人单位盲目提高用人标准。当前,劳动力市场的供给远远大于市场的需求,致使许多用人单位盲目地抬高用人标准。虽然我国宪法明确规定男女享有平等的就业机会,但在实际操作中,男性还是占优势,他们一直被看成“公共场所”的主角。因为用人单位普遍认为,女性在结婚后会更加关注家庭,不如男性有工作的潜质和实力。调查结果显示,58.5%女大学生认为“女性不宜职业”限制了女性的发展。

(6)专门为女大学生就业服务的渠道还不够完善。调查结果显示,在问及“女大学生通过哪些渠道获得就业信息”时,45%的女大学生回答是“通过学校组织的专场招聘会”;41%的女大学生是“通过报纸、网络等媒体查询的”;9%的女大学生是“通过家人、亲戚、朋友介绍的”;5%的女大学生是“通过参加政府有关部门组织的招聘会”。在问及“女大学生需要哪些就业服务”时,67%的女大学生希望得到专业的、个性化的就业指导。

(7)促进女大学生就业的社会支撑力明显不足。调查结果显示,59%的女大学生认为学校的就业指导课发挥的作用一般。目前,针对高校毕业生的就业指导服务力度还不够,女大学生得不到实际有效的指导,更多是依靠家庭、同学、朋友。当可依赖的社会资源无法支撑她们的就业需求时,就业目标就变得遥遥无期。

三、提高女大学生就业率的对策及建议

根据人力资源和社会保障部最新统计结果显示,2013 年高校毕业生为 699 万,比 2012 年增加 19 万;2014 年高校毕业生为 727 万,2015 年高校毕业生为 749 万,比 2014 年增加 22 万,创历史新高,可称为“史上更难就业年”,就业形势

不容乐观。这就要求政府、学校、学生共同应对就业挑战，尽早采取措施，改进大学生就业状况。通过本次问卷调查，可以得出如下结论：女大学生就业难，并不是指女大学生找不到工作，而是指与同班或同届男大学生相比，女大学生择业时间相对较长，工作单位相对较差。大学生就业问题仅仅是一般劳动就业问题；而女大学生就业问题还附带有劳动力市场上的性别歧视问题，性别歧视是造成女大学生就业难的首要问题。为此，我们依据上述研究结果，提出以下几点对策及建议：

（一）平衡好劳动力市场灵活化与安全性之间的冲突

在政策层面上，确立“享有就业权利是每一个社会成员基本权利”的价值理念，在保持劳动力市场运作灵活的前提下增强劳动者的就业安全性。1992 年以后，我国传统就业政策发生根本性变革，灵活化已成为劳动力市场改革的一种趋势，它在一定程度上能够增强劳动力的市场适应力，有助于增加就业。但由于大多数女性从事的多是相对不稳定行业，加之女性自身的生理特征和社会多重角色的需要，她们的劳动关系相对脆弱且不稳定，劳动力市场的灵活化则更容易对女性的就业安全性带来严峻挑战。所以，要平衡劳动力市场灵活化与安全性之间的冲突，构建灵活安全性的劳动力市场模式，逐步实现从工作安全性保护向劳动者自身安全性保护、从社会保护向就业能力保护的转变，以切实维护女性劳动者的就业权利。

（二）在制度层面上，加强制度建设，完善法律法规，保证男女公平就业

首先要加强公平就业制度建设。好的制度坏人也不能干坏事，坏的制度好人也不能干好事，甚至走向反面。制度建设是做好一切工作的根本保障，在完善各项管理制度的前提下，制定适合保证男女公平就业的制度是关键所在，这既要加强制度建设，又要发挥制度作用。虽然我国女性大多有了全职的工作，但是社会对女性的家务劳动的期望并没有相应地减少。“男主外，女主内”还是深植于人们的思想意识之中。由于受社会文化模式、劳动力市场歧视等因素影响，我国女性劳动者在就业的过程中常遭遇不公平待遇。对此，在立法、政策制定过程中，要强调社会性别意识，进一步厘清相关法律内涵，使法律规定更具

操作性，从而真正维护女性劳动者的合法权益。要加大执法力度，认真执行《劳动法》《就业促进法》《妇女权益保障法》《山东省就业促进条例》和《山东省妇女发展"十二五"规划》等一系列法律法规中关于男女平等的就业原则。例如，《山东省妇女发展"十二五"规划》中"妇女与经济"部分确立的主要目标有：城镇就业人员中妇女比例稳定在40%以上，失业人员中妇女比例降低到50%以下；提高妇女科技人才、专业技术人才和技能人才的比例，高级专业技术人员中妇女比例不低于35%等。结合各地实际，应将就业歧视法律概念进一步明确化、具体化，制定相关实施细则，使"消除就业性别歧视"成为可操作的具体规范。

（三）在操作层面上，多渠道扩大女性就业机会

拓宽女大学生就业渠道，大力发展第三产业，加快发展生活性服务业，为女大学生创造更多的就业机会和岗位。就业信息交流可以通过会议、文件、局域网、内部刊物、通知、板报、宣传栏、电话、面谈、口头等方式进行，其中必要的信息应有文件传递和保存流程，并留有记录，确保就业信息渠道畅通。鼓励和支持劳动密集型企业、民营企业和中小企业吸纳女大学生就业。优化女大学生就业结构，推动女大学生在新兴产业和行业就业。落实税费减免、小额担保贷款、财政补贴等扶持政策，帮扶失业女大学生就业和再就业；同时更新就业观念，鼓励女大学生自谋职业和自主创业。

（四）在个体层面上，注重提高女大学生主体意识和自身素质

当今社会虽然已经发生了翻天覆地的变化，但是由于受封建思想的影响，当前我国女性的主体意识还比较薄弱。社会上广泛流传女大学生"干得好不如嫁得好"的论调，从某种程度上也反映了女性主体意识的欠缺。女大学生作为女性中的佼佼者，想要在激烈的竞争中凸显自己的特点和实力，就一定要注重自身综合素质的提高。首先，要加强科学文化知识和专业技能的学习，形成自己的专业知识体系。[①] 其次，要注重自身的实践能力和创新能力的提高。再次，

---

① 参见罗国杰：《思想道德修养与法律基础》，高等教育出版社2010年版，第5页。

女大学生要树立“自尊自信、自强不息、百折不挠”的就业观，增强自己承受挫折的意志、勇气和能力。做事学会持之以恒，执着地去追求，坚持不懈地去努力，即使遇到诸多不利因素也不放弃。不能有浅尝辄止、半途而退的思想，要以热情、端庄、大方的仪态面对用人单位的选择，充分展现自身的能力和才华。

（五）在质量层面上，提升女大学生就业质量

全面提升女性就业质量水平，关乎社会稳定，关乎女性切身利益，关乎经济社会发展。当前，我国正处于全面建成小康社会的关键时期，对进一步做好女大学生就业工作提出了新的更高要求。要加大培训力度，提高初、中、高级技能劳动者比例，促进妇女平等参与科学研究和技术创新。依托国家、省重点实验室和重大科研项目，集聚和培养妇女科技人才、专业技术人才、技能人才，从而提升女大学生的就业质量。

（六）在学校层面上，高校应尽职尽责

“十年树木，百年树人。”中国的未来不只在于经济的增长，更在于教育的进步、人才的培养。学校只是人生中一个教育阶段，从入学到就业的全过程中，高校应尽职尽责。一方面，高校应该以市场和社会需求为导向，改革既有教育模式，确保教育结构与就业结构相互适应。另一方面，高校应进一步加大毕业生就业指导力度，帮助大学生特别是女大学生树立正确的价值观、择业观和就业观。高校应为她们提供具有可操作性、有效性的就业培训指导，开设一些相关的就业心理咨询课程，帮助女大学生疏导就业时的心理障碍，确保女大学生的就业心理健康，助其树立乐观积极的就业观，增强她们的就业能力。① 山东女子学院对女大学生就业问题高度重视，做了大量细致的就业指导工作，并取得了可喜成绩。2011 年，学校毕业生总数为 3192 人，其中有 196 人签订就业协议，301 人专升本，291 人签订劳动合同，12 人出国学习，8 人应征入伍，1 人自主创业，1 人省外就业，就业率为 25.37%；有 2310 人以灵活方式就业，就业率为

---

① 参见叶友华：《社会变革中的女大学生就业困境调查研究》，《黑龙江省社会主义学院学报》2013 年第 2 期。

72.36%，总体一次就业率为97.73%。2012年，毕业生一次性就业率稳步推进。2013年，毕业生总数为2552人，毕业生一次性就业率达到96.16%，优质就业率达到50.43%。2014年，毕业生总数为2734人，毕业生一次性就业率达到97.86%，优质就业率达到52.46%。2015年，毕业生总数为3462人，毕业生一次性就业率达到95.81%，优质就业率达到67.98%。山东女子学院曾荣获“山东省大学生心理健康节优秀组织单位奖”，学校大学生心理健康教育指导中心网站荣获“山东高校十佳心理健康教育网站”等。

（七）在法律层面上，注重法律素质培养

法律素质的培养是一个循序渐进的培养教育过程，它需要社会、学校、家庭以及女大学生个人等多方面的努力配合。

一是提高对法律素质培养的认识和重视程度。世上一些事物之成功皆始于认识和理解，在就业指导教育中培养女大学生的法律素质同样如此。对于高校管理者而言，一方面，要充分认识到在高校就业指导教育中培养女大学生法律素质的必要性和重要性，把其纳入到日常的高校教育管理工作之中，并作为重点工作内容主抓培养成果；另一方面，高校要把对法律知识的学习、法律意识的树立、就业权益的维护看作是女大学生择业、就业的切实需要之一，向女大学生群体广泛宣传国家制定的与就业相关的法律、法规和政策，把女大学生就业纳入法制轨道，使女大学毕业生依法就业、合法就业。在就业指导教育中明确培养女大学生法律素质的地位和作用，并将其列入学校的发展规划之中，制定相应的管理制度加以规范和保障。此外，要充分发挥就业指导中心的作用，在就业指导课上不仅要为学生传授就业法律知识，还要为学生提供指导、解答疑惑，要让女大学生深刻意识到提高法律素质的重要性，加强大学生对法律知识的认识和理解，主动学习有关就业的法律知识，不断提升法律素质。除此之外，针对不同年级、不同专业和不同的需求，制定出一套系统的法律、法规知识结构培养体系。

二是多种教学方法并用，丰富培养内容。大学生就业指导教育中的法律素质培养既是一门专业性的理论培养课程，也是一门实用性极强的实践性课程，需要发挥多方力量，综合利用各种手段和教学方法，以使培养教育获得实效性。

此外，还可以通过校报、期刊专栏、校园广播、电视、法制讲座、法律知识辩论赛等多种方式，对女大学生进行法律素质培养教育。这些教学方式具有感染力和吸引力，针对性强，能够有效引起女大学生群体的共鸣和认同感，认识到在就业中具备较高的法律素质的必要性，从而自然而然地主动学法、知法、懂法和守法，增强就业法律意识和法制观念。另外，尽量打破传统的教学模式，变就业指导教师单向传授知识为学生与教师在课堂上互动模式，双方彼此提问和解答，逐步发掘女大学生的就业法律素质。此外，大学生法律素质培养要特别突出实践锻炼，就业指导教育部门可以通过多种方式，如组织女大学生群体进行模拟招聘、与往届生座谈等形式，让女大学生切实感受到就业中的鲜活案例，从中接受教育和启示。同时，学校还要与社会中的相关公司、企业、社会团体建立长期的合作关系，让女大学生到各个就业部门进行实际锻炼，及时发现缺点和不足。

三是组建专业性、高素质的就业指导团队。目前，高校的就业指导团队基本上是由各个学院的辅导员组成的，大多数是非法律专业出身。因此，要想使得就业指导中的法律素质培养教育更有实效性，必须对其进行专门化培训，提高其专业素质，确保他们在培训后具备完成女大学生思想政治教育和管理工作所必需的专业知识和专业技能，这样也能丰富辅导员的法律知识，使其全面而准确地对女大学生进行就业法律指导教育。另外，充分发挥学校内部相关部门，特别是法学院教师的作用，他们深厚的法学素养和法律知识会引起女大学生群体对法律素质培养教育的兴趣和关注，使老师及时掌握女大学生在就业中遇到的法律问题，从而有针对性地进行培养教育。同时，发挥社会上法律服务人员的作用，有条件的学校可以聘请知名律师、法官、检察官等定期为女大学生和就业指导者进行法律知识讲座，提高女大学生和就业指导者的法律素质和能力。

女性通过教育追求真善美，女性通过自身努力彰显智仁勇。女性不仅是真善美的化身，也应是智仁勇的写照。女性要取得成功，需要充分展现女性特质，发挥女性优势，要以女性特有的视角观察、思考、解决问题。当今世界，我们再也不能无视女性的存在，再也不能小觑女性的力量了。女性已经成为社会经济发展的主要力量，她们从家庭走向社会，走向传统上男性独占的工作场所，与男性共同承担起推动社会经济发展的重任。就业是妇女参与社会发展的基本形式，是妇女生存发展的基本前提，也是评价社会经济发展的重要指标。我们在提倡构建和谐社会的今天，更应该重视女性就业问题，特别是女大学生就业问题，多创造机会让她们能更多地参与社会生活的各个方面。只有这样，才能从根本上消除男女的不平等地位，从而有利于社会的稳定、和谐及健康发展。

第四章

女子大学学生诚信教育机制研究

诚实就是真实无欺，既不自欺，也不欺人；守信就是重诺言，讲信誉，守信用。诚实和守信是统一的。就个人而言，诚实守信是高尚的人格力量；就单位而言，诚实守信是宝贵的无形资产；就社会而言，诚实守信是正常秩序的基本保证；就国家而言，诚实守信是良好的国际形象。[①] 诚实守信既是做人的准则，也是对女大学生的道德要求。它不仅是女大学生步入社会的通行证，体现着女大学生的道德操守和人格力量，也是在社会中扎根立足的基础。一个没有良好诚信品德的人，不可能有坚定的理想信念；一个在平时不讲诚信的人，在关键时刻不可能为崇高的理想信念作出牺牲。大学生的诚信意识、诚信行为、诚信品质，关系良好社会风尚的形成，关系社会主义和谐社会的构建，在一定意义上关系中华民族的未来、关系“中国梦”的实现。当前，女子高等院校女大学生正处在人生观、世界观和价值观形成的关键期，从总体上看，女大学生的诚信状况是好的，但在少数学生身上也出现了诚信缺失的现象。这种现象的出现，既有社会、

① 参见罗国杰：《思想道德修养与法律基础》，高等教育出版社2013年版，第109页。

学校、家庭等各种因素的影响，也有学生自身的原因。女大学生诚信问题是个社会问题，是女子高等院校教育工作者一直关注的问题。强化和完善女大学生的诚信教育，倡导诚实守信理念，提升女大学生的诚信修养，是当前女子高等院校思想政治教育的重要任务。建立、完善大学生的诚信教育机制是一个系统工程，“两课”教育是基础，管理规范的科学化是前提，诚信制度建设是根本，诚信监督机制是保障。这些问题应该引起各女子高等院校的高度关注和重视，并在诚信道德建设的实践中自觉加以持续改进。

一、概　述

诚信是人与人交往、合作的基础。无论是官民关系、同事关系、同学关系还是夫妻关系，如果没有诚信，就只剩下彼此哄骗，自欺欺人。一个国家和民族，贫弱落后固然可怕，但更可怕的是诚信缺失。一个国家的强盛，离不开精神的支撑；一个民族的进步，有赖于文明的成长。女子高等院校是培养女大学生的重要阵地，而思想政治教育则是贯穿于始终的生命线。

当前，受某些社会不良现象的影响，一部分人只追求利益最大化，唯利是图，见利忘义，导致社会道德滑坡，诚信缺失日趋严重，一些人甚至以为善于说假话是聪明、成熟的表现。女子高等院校部分学生受上述不良现象影响，不诚实守信的言行也时有发生，在作业、考试、评优、学术研究、助学贷款、就业以及日常生活中都有不同程度不诚信的表现。据有关调查结果显示：在学习方面，较为严重的不诚信行为占调查人数的72.84%；在生活方面，较为严重的不诚信行为占调查人数的56.71%；在经济方面，较为严重的失信行为占调查人数的35.75%；在就业方面，严重的失信行为占调查人数的31.67%。大学生诚信缺失的表现及程度由重到轻依次排序为学习、生活、经济、就业四个方面。导致大学生诚信缺失的外因及影响力依次排序为社会因素、学校因素、家庭因素。社会因素对大学生的影响已越来越大，超过学校因素成为最主要的因素。女子高等院校教育工作者曾在“两课”教学中作过调查，当问到“你认为校园有哪些不文明的现象”时，有80%的同学谈到“在同学、自己身上有不诚信的行为”，可见诚信危机问题的普遍及严重性，大学生的诚信状况令人担忧。缺失诚信就像是流行病，从社会蔓延到校园。目前，已有部分高校在开设“思想道德修养与法律基础”课的同时，又增设了“大学生诚信教育”课程。加强大学生的诚信教育，倡导诚实守信理念，提升大学生的诚信修养，是当前高校思想政治教育的迫切工作。所以，诚信不仅仅是单纯的道德问题，还关系到一个国家、一个民族的生死存亡。因此，在女子高等院校思想政治教育环节探讨加强和改进女大学生诚信教育机制具有重要的现实意义。

二、推进女大学生诚信教育质量

诚信是一种品质，更是一种素质。诚实守信是中华民族的传统美德，在中国的伦理体系中历来备受推崇。高校教材《思想道德修养与法律基础》中多次论述到诚信问题，在“恪守公民基本道德规范”一节中明确指出，诚实守信是公民道德建设的重点，并且在“职业道德基本要求”一节中再次强调诚实守信的重要性。诚实守信，既是做人的准则，也是对从业者的道德要求，即从业者在职业活动中应该诚实劳动，合法经营，信守承诺，讲求信誉。[①] 目前的教材结构设计严谨，只是讲解方式比较粗疏，流于说教。我们应借鉴美国、韩国思想政治教育的一些显著特点和有效做法，提高思想政治教育的政治性、渗透性、层次性、创新性等。

美国既重视正式课程，又重视隐蔽课程。所谓隐蔽课程，是与正式课程或称显著课程相对而言的，正式课程就是课堂教学，也称“显著课程”。而隐蔽课程，又称“非正式课程”，主要包括学校的学习氛围和学生的生活环境、老师及管理者的言行、学校的规章制度等。受柯尔伯格教育思想的影响，美国教育界普遍认为校园的环境、课堂的气氛、教师的形象气质、学校的管理制度、学校的舆论导向等对学生的世界观、政治观、人生观、道德观和价值观的形成的作用绝不亚于正式课程。和我们的政治理论教育相比较，美国的教育相对来说更人性化、人本化，美国没有政治理论课，但有“公民教育”课，与现实生活更接近，和学生的思想实际更接近。由美国密歇根大学教育学教授编写的教材《公民读本》，

① 参见罗国杰：《思想道德修养与法律基础》，高等教育出版社 2010 年版，第 181 页。

由“了解你自己”启篇，包括“你：一个人，谈一个健康的人”“你：一个学生，改善你的学习”“你：一个家庭成员，做一个好的家庭成员”“你，一个公民，介绍你生活中的政府及政府存在的理由”四章。教学内容和社会实际生活不脱节，教学应用效果会更好。美国教育家罗伯特·德里本就坚持认为：“儿童、青年学到的东西中，来自他们在学校环境中的经验的东西，与教给他们的东西一样多。”[①]也有教育者说，老师和学生共同经历的东西学生会终生难忘，而说教的东西反而很难给学生留下印记。不只是学校教育，家庭教育、社会教育也是如此。我们应该把现实的社会生活缩小到学生在学校的微型生活状态，在这种与社会生活环境相似的校园生活环境中接受教育，才能使他们的道德修养达到一个质的提升。近几年，我们的思想政治理论课已经开始重视并加强实践课教学，并收到了良好的效果。

例如，我校的“形势与政策”课就把理论教育与重大节日庆典活动结合起来，利用辛亥革命、建党、建国等纪念日，使学生明确中国历史中先进思想的现代价值及意义，这样给学生留下的印象会更深刻，也会使我们的教育更有效果。在诚信教育方面，学生通过课程知识、校园环境、校园管理、老师的行为示范等，在潜移默化中变成身体力行的自觉行动。因此，培养大学生诚信品质，重在教育，贵在实践，应将大学生诚实守信教育融入思想政治教育全过程及日常生活的全过程，常抓不懈。

三、高校管理制度的伦理化建设是诚信教育的前提

制度是指一系列由人为设定的、约束和规范人们行为的规则，是一种有组织保障的、有明晰程序的客观性力量，它对人的规范约束有强制性特征。制度建设是做好各项工作的根本保障。大学生诚信道德的缺失，不只是教育问题，从某种程度上来说也与学校管理制度的合理性和完备性相关。

第一，完善高校管理制度与国家法律法规的一致性，使其合法化。按照法

---

① 转引自戴媛媛、颜素珍：《美国思想政治教育方法及其对我国的启示》，《成都大学学报（教科版）》2008年第4期。

律规则,上位法优于下位法,特别法优于一般法,新法优于旧法。国家的法律法规适用于一切公民,当然,这其中也包含大学生,所以高校的管理制度应契合国家法的基本原则与基本精神,不能违背更不能与之冲突。高校应根据实际情况,对现有的管理规章制度进行完善,以减少高校管理制度和国家法律法规相脱节的现象,减少高校管理制度和学生主体权利义务之间摩擦的现象,这样才能使学生更好地尊重和践行学校的各项管理制度,保证管理制度的权威性和有效性。

第二,加强学生在学校制定规章制度时的参与度,使其更具人文化。许多高校在制定学生管理规章的过程中,沿用自上而下的习惯做法,也就是上面制定,下面执行;学校制定,学生执行。即把学生视为纯粹的管制客体、管理对象,不考虑学生的主观感受和学生的性别差异,而完全从学校管理需要、管理效率出发来制定相关的制度。没有进行细致的调查研究,没有征求和听取学生的意见,这样的学校规章制度不符合学生的实情,不易被学生接受,而且也会因自上而下强制推行导致学生对制度的抵触情绪和排斥心理。因此,各高校在制定有关管理制度时,要注重发挥学生的自我管理、自我规范的能力,利用学生会、学生社团等自治组织,广泛、充分地听取各个方面的学生意见,注意听取各方学生管理部门的意见。由学生直接商讨、直接参与建立的制度,会因合乎学生的实际情况而更具人文性、合理性。[①] 这样,既有利于培养学生的民主意识、民主精神,也符合高校以人为本的办学理念。

第三,提高学校管理制度的科学性,使其科学化。科学规范的管理是学校高效运转和实现办学目标的重要保证。学校管理制度的建立必须与时俱进,具有时代的内涵。要充分体现其科学性,以人为本,全面协调,统筹兼顾。管理离不开制度,要保证学校工作的顺利进行,就必须加强学校制度管理。学校管理制度的建立,应依据最新科学管理理论,对学校管理的各个主要要素进行系统的创新整合。所谓科学的学校管理制度,一是要求学校管理制度本身体现学校的教育、教学和管理的本质特性,符合教育教学及管理的客观规律,同时还必须

---

① 参见林庭芳、韦金红、乔林丽:《我国大学生诚信制度建设存在的问题及对策》,《学校党建与思想教育》2008 年第 8 期。

结合本校的校情，与时俱进，体现时代的要求。如果一种制度是外来或移植的，它就一定要经过接纳、消化、取舍、扬弃、吸收等过程。二是学校的管理制度要形成一个科学的体系，把学校的各项管理制度整合成为一个相互呼应、相互补充、相互协调的整体，让制度在学校管理中发挥整体的效能。学校对学生的管理规定不只是建立良好秩序的需要，不是为了定制度而定制度，而是为了学生完成学业、提高修养、就业成才的需要。从这个方面说，学校管理规章的根本目的和最终落脚点就是为学生服务。因此，学校在建章立制的过程中，必须要从学生的实际情况出发，不能单纯为了管理而制定规章，使规章带有较多的官僚主义、主观主义、形式主义的成分。学校的一切管理活动应服从、支持、服务于教学，最终目的是为了促进学生人格健康、德智体美全面地发展。在女子高等院校，女生占大多数，应"因性施教""因性施管"[①]，注重其性别教育，发挥女性的性别优势，挖掘女性的潜能，以提高女性的综合素质、经济地位以及社会地位。

四、强化女大学生诚信教育的对策

诚实守信是中华民族的传统美德，是做人之本，立德之源。女子高等院校能否培养出主导诚信社会的高科技人才，实现其社会价值和社会功能，诚信教育至关重要。因此，大力开展诚信教育，对弘扬民族精神和时代精神，构建和谐社会具有十分重要的意义。女子高等院校作为先进文化的辐射源和示范区，大力开展诚信教育，对弘扬中华民族传统文化，抵制失信行为，促进校园精神文明建设有着十分重要的现实意义。大学生的诸多失信言行已严重影响到了诚信品质的培养及学习、赏罚、资助、贷款、就业等教育资源的公平享受，并导致越来越多的大学生诚信心理的失衡。据有关调查结果显示，大学生诚信缺失的心理类型从主到次依次排序为：从众心理（占调查人数的 53.69%）、侥幸心理（占调查人数的 46.84%）、吃亏心理（占调查人数的 35.17%）、报复心理（占调查人数的 31.63%）、无用心理（占调查人数的 29.43%）、冒险心理（占调查人数的 26.50%）、成本偏低心理（占调查人数的 22.03%）。可见，从众心理、侥幸心理、

① 叶友华：《大学生诚信教育机制研究》，《山东女子学院学报》2011 年第 6 期。

吃亏心理、报复心理已成为大学生失信的主要心理。大学生诚信缺失的校园危害性、社会危害性已日益凸现，因而，对我国大学生诚信缺失问题应该有一个正确的态度：一是要克服把大学生的一些失信言行理解为一时的生存技巧或"好玩"的错误思想，要认识到失信习惯的形成也是一个从量变到质变的过程。二是要敢于承认，不敢承认是不对的，必须尊重事实；观望更是错误的，不能解决问题。必须面对它、承认它，并采取积极措施解决它。我国很多高校都在尝试建立和完善大学生诚信教育机制，有的高校增设大学生诚信教育课程，有些高校的大学生诚信档案已由电子版替代纸质版，大学生诚信教育问题及对策在一定时期内仍然是高校思想政治理论工作者所关注和不断研究探讨的课题。结合女子高等院校思想政治教育实际教学经验，也借鉴其他高校的一些有效做法，总结出以下关于强化女大学生诚信教育的一些具体措施：

（一）改进大学生诚信教育模式

诚信是一切道德的基础和根本，开展大学生诚信教育是贯彻《公民道德建设实施纲要》《关于进一步加强和改进大学生思想政治教育意见》以及践行社会主义荣辱观的具体要求，是女子高等院校加强思想道德建设的关键和重点。诚信教育是一个知、情、意、行互相渗透、互相促进的过程，必须把诚信教育和思想政治教育紧密结合起来，切实加强学生的行为养成教育，培养学生良好的个人行为习惯，教育学生遵守公民基本道德规范，这是诚信教育的最低标准和要求；要通过思想政治理论课、思想政治教育等主渠道，大力宣扬"诚信养德，诚信立教"的人生准则，积极营造"诚信为荣，无信为忧，失信为耻"的校园氛围，切实增强广大师生的诚实守信意识，形成良好的诚信教育氛围。利用广播、校报、网络、板报等宣传载体的强大舆论功能，宣扬中华民族的传统诚信美德，宣传师生诚信的典型事迹，引导教师教书育人，诚信执教；教育学生认真求学，诚信做人。女子高等院校通过开展丰富多彩的道德实践活动来推动诚信教育，不断创新活动的形式、内容和方法，积极开展如主题班会、诚信签名、专题讲座、征文活动、先进人物事迹介绍、聘请社会知名人士或学校优秀毕业生为"诚信大使"等活动，寓教于乐，吸引师生参与到诚信教育活动中去。

（二）开展大学生诚信问题调查

要解决大学生诚信问题，首先应掌握她们的思想道德状况，有针对性地编制大学生诚信问题调查问卷，做好大学生诚信问题调查。问卷调查主要运用《GB/T19001—2000的统计技术指南》中规定的统计方法收集数据，整理数据，并使用相应的方法列表，对调查数据进行统计分析，以掌握大学生的思想道德状况，这是制定解决大学生诚信问题对策的前提。

（三）完善大学生诚信档案建设

建立和加强大学生诚信档案建设有助于提高大学生的诚信意识，规范诚信行为，全面提升大学生的思想道德品质和综合素质。大学生诚信档案是大学生在校生活中直接形成的、能够反映其信用状况的、具有保存备查价值的各种历史信用记录，是大学生证明其诚信程度的第一原始凭证。大学生诚信档案主要内容应包括“做诚信大学生承诺书”“个人资料”“家庭背景”“品行评议”“学习成绩”“健康状况”“贷款状况”“奖惩纪录”“个人意见”“系意见”“备注”等。[①] 大学生诚信档案应该由专人填写，记录内容应包含足够的信息，把每一个大学生从入学到毕业期间的信用情况一一进行记录。记录作为一种特殊类型的文件，所有情况应当时时予以记录，并加以保存。相关人员应做好记录的检查、归档、整理、保存和借阅，要对记录进行有效控制和管理，为使用部门及使用人提供客观证据。大学生诚信档案建设是高校加强诚信教育的重要手段，对大学生成长与发展、社会信用体系建设具有重要意义。建立大学生诚信档案，不仅对学生起到长期监督和教育的作用，增强学生诚信意识，提高自我的约束能力，而且对弘扬诚信之风，完善整个社会信用体系，打造“信用中国”将起到积极的推动作用。要让大学生时刻注意自己的言行，努力培养自我，调整自我，约束自我，老老实实做人，认认真真做事，自觉地在学习生活和社会生活中遵守、维护诚信。大学生诚信档案建设是一项系统工程，要切实加强学校领导、健全工作机制，使大学生诚信档案建设工作步入制度化、规范化的轨道。学校各部门要把诚信建设当

---

① 参见张玉山：《建立大学生诚信教育，建立诚信档案》，《教书育人》2007年第7期。

作促进学生全面发展的一件大事常抓不懈，从宣传发动、制定措施，到督导检查、总结经验，每一个环节都要扎扎实实，才能取得实效。诚信档案建设工作还必须得到全校师生的肯定认可和积极参与，才能切实发挥诚信档案的作用，达到诚信建设的目的。

（四）建立大学生诚信测评制度

诚信测评制度是指对有关大学生诚信的几个重要方面进行测评，得出大学生的诚信度。大学生诚信测评的主要内容有政治诚信测评、学习诚信测评、道德诚信测评、经济诚信测评和就业诚信测评等。根据测评的结果，在不同范围采取不同方式的教育。对此，女子高等院校思想政治教育工作者在讲授“思想道德修养与法律基础”及其他政治理论课时，针对学校、二级学院、班级甚至某个学生的具体诚信状况也进行了个别交流。近几年来，我国高校大学生诚信制度建设主要是完善了以前的各项规章制度，使各方面的诚信测评规定更加具体和具有可操作性。在政治诚信方面，强调了对大学生的思想政治教育，引导大学生树立正确的世界观、人生观、价值观，树立正确的理想信念。高等学校学生应当努力学习马克思列宁主义、毛泽东思想、邓小平理论、“三个代表”重要思想和科学发展观，深入贯彻习近平总书记系列重要讲话精神，确立在中国共产党领导下走中国特色社会主义道路，实现中华民族伟大复兴的共同理想和坚定信念。在学习诚信方面，更多是以考试规定的形式要求学生诚实应考，不允许任何作弊现象。在道德诚信方面，主要强调要认真贯彻《公民道德建设实施纲要》，以为人民服务为核心、以集体主义为原则、以诚实守信为重点，广泛开展社会公德、职业道德和家庭美德教育，引导大学生自觉遵守爱国守法、明礼诚信、团结友善、勤俭自强、敬业奉献的基本道德规范。在《大学生行为守则》中也明确规定：大学生应诚实守信，严于律己；履约践诺，知行统一；自尊自爱，自省自律等等。另外，还有以考察及时偿还助学金贷款为主的经济诚信测评和以考察就业信息是否真实的就业诚信测评。

（五）加大诚信奖惩制度的执行力度

社会因素已成为导致大学生诚信缺失的主要外因。不承认这一点，是不实事求是的，是没有抓住问题的关键的。离开社会诚信来单独地谈大学生诚信，已不太切合实际。大学生已越来越走向成熟，他们不再只关注理论而更关注社会。他们的人生态度、价值观已越来越现实化。目前，社会对失信行为道德谴责多，法律制裁少，诚信作用仅仅停留在口头上。本来诚信者应受到鼓励，失信者要遭受惩罚，但现实生活中往往出现诚信者受排挤、受打击、受损失，失信者获袒护、获利益。因法制不健全，许多失信行为无法律制裁依据，仅仅受到道德谴责，使失信成本低于守信成本，导致失信行为屡禁不止，失信者没有受到应有的严惩，守信者得不到应有的保护。我国部分高校虽然有一些好的诚信奖惩制度，但不重视落实与执行，只能成为一纸空文。要提高诚信制度的执行力度，除了不断修改完善已有的规章制度，使之努力成为"良法"外，还应该建立大学生诚信奖惩制度。一方面，加大对不诚信者的惩治力度，提高不诚信的违规成本，对其他大学生起到警示的作用，将他们的不诚信念头扼杀于萌芽之中。另一方面，要注意惩罚不是目的，不能简单地处以罚款、写检查一类的纠偏措施，重在教育，关键是让学生认识到不诚信的后果，从典型事例教育大学生遵守诚信原则，加大诚信奖惩制度的执行力度，从而营造一个良好的校园环境，形成诚实守信的校园风尚。

（六）构建高校毕业生就业的诚信监督机制

诚信是从事各项活动的"通行证"。"诚信立人、诚信立身、诚信立业"，作为一种社会资本，诚信不仅能为学生走向竞争日趋激烈的社会打下坚实的基础，更会成为学生寻求更大发展的力量源泉。女子高等院校应建立毕业生就业诚信监督机制，其监督对象包括学生、教师、管理者。目前，在高校毕业生求职过程中，大学生最容易于在简历上弄虚作假。学校可以充分利用网络技术，将学生的奖惩、各科成绩、社会兼职、发表论文、各类证书、在校表现情况等详细资料录入学生库中，作为学校公示的学生资料，以供用人单位查询和验证。这样，既可以给用人单位以诚信感，取信于用人单位，又可约束大学生，规范其求职行为。强化对毕业生的信用监督，使毕业生领悟到守信的益处和必要性。对于不同程度的失信者，可以通过批评教育甚至处分的方法来使他们承担失信行为的责任。与此同时，还应为毕业生诚信就业创造良好的环境，缓解毕业生的就业压力。高校应当为大学生广开就业渠道，积极促进本校学生同用人单位建立诚信关系，为毕业生寻找尽可能多的就业信息。学校还应当充分认识到自己在毕业生就业工作中的主体地位，积极为毕业生开拓就业市场。毕业生的就业渠道拓宽了，毕业生就业压力减小了，就会在一定程度上有利于建立一个诚信、平等、公正的就业市场。[①] 当然，女子高等院校也可运用网络建立校内诚信监督机制，监督对象可以由学生扩大到包括教师及学校管理者在内的全校教职工。

诚信不仅是学校生存、发展和提高办学品位的需要，也是学生道德发展、实现人生价值的基本要求，直接关系到学生的事业成功与否。女子高等院校在诚信社会建设的过程中要勇于承担自我的责任，要同学生讲清党和国家惩治失信的举措和决心，讲清诚信社会建设的进展和成就，超越从理论到理论的“课堂”教育的局限；正确处理好学校利益与社会责任的辩证关系。加强大学生诚信教育，提升他们的诚实守信道德水平，事关培养中国特色社会主义事业的建设者和接班人的发展大局，是大学生思想政治教育的重要课题。[②] 建设诚信校园、和谐校园，是促进女子高等院校教育内外协调发展的重要手段。建立和完善女子高等院校女大学生的诚信教育机制是一个系统工程，需要社会、学校、家庭、本人等多方渠道的合力。在我国女子高等院校这一特定的环境中，强化女大学生诚信教育，“两课”教育是基础，各项管理规范的科学化是前提，诚信制度建设是根本，诚信监督机制是保障。

---

① 参见李军：《加强大学毕业生诚信教育的思考》，《中国大学生就业》2007 年第 10 期。

② 参见叶友华：《大学生诚信教育机制研究》，《山东女子学院学报》2011 年第 6 期。

第五章

女子大学校园道德文化创建路径研究

女子高等院校校园文化是高校校园文化的有机组成部分，是在女子高等院校这一特定地域上形成的一种特殊的文化形态。女子高等院校校园文化既有高校校园文化的共性，又有自己的个性。它在本质上与其他高校的校园文化一样，是一种生长在校园里并与社会文化互动的一种亚文化，在表现形态和组成结构上同样可以分为物质、行为和精神三个层面。区别在于，女子高等院校与其他高校文化的主客体不同，女子高等院校最大的特点是以女性为主体，而客体就是女子高等院校师生所处的客观环境。近年来，国内外许多女子高等院校在发展学校硬件的同时，也十分注重校园文化软件的塑造，努力形成高雅、积极的校园氛围，以此影响每个学生的内在素质。女子高等院校自身成长的过程就是校园文化逐渐形成的过程。如今，每所女子高等院校都开始主动建设校园文化，逐渐形成了一个完整的、相对稳定的模式，并表现出一些鲜明的特点，这些特点主要表现在校园文化的三个层面上。

校园物质文化是由女子高等院校师生共同创造的校园环境、物质设施等组成的器物文化，是校园文化的形象化和实物化，也是最为直观的校园文化内容。

校园物质文化主要包括校园所处的自然环境、规划布局以及校园建筑、内外陈设、雕塑、绿化等各个方面所形成的文化环境。女子高等院校的校园物质文化是学校师生对校园物质环境精心设计的结果，体现了女子高等院校师生对于校园环境的认识、审美及价值取向，也是最直接体现女子高等院校个性的部分。

校园文化的各个要素和不同层面最终要落实到校园群体的行为举止和文化活动表现上，由此形成了校园行为文化。它是一种“活化的”“动态的”校园文化，是师生员工在教学、学习、管理等活动中所产生的精神状态、行为操守和文化品位，是大学精神、办学理念等在师生员工个体上的动态反映。行为文化既包括行为本身，也包括通过行为表现出来的社会心理、思维方式、思维观念和风俗习惯等文化形态，是一种群体性的文化现象，是校园文化的主要外显形式。

女子高等院校校园精神文化是在整个校园文化的系统中处于核心地位的文化形态。与物质文化、制度文化、行为文化相比，精神文化是最为深层和内在的部分，可以说是学校整个精神面貌的集中体现。校园精神文化既是每个学校在发展过程中不自觉形成的结果，也是每个学校可以通过自身的努力与培育、完善和升华的具有自身特色的积极的精神文化。女子高等院校应在长期的教育实践中，逐渐整合、提炼出为全校师生员工共同认可的一套价值观念体系，这是高校结合客观环境与主观意识提出的校园精神文化的发展方向，往往能够对学校的文化氛围产生一定作用。但是校园精神文化又在客观上受到社会环境、文化背景、历史发展的影响，而且高校自身提炼出的价值观念体系实际上也受到客观条件的限制。因此，校园精神文化体现的是每个学校身处的不同背景环境以及由此形成的每个学校的独特个性。①

在校园文化的构成中，物质文化是校园文化建设的前提，是精神文化赖以生存和发展的基础和载体；精神文化是校园文化建设的灵魂和核心，是提高女大学生人文素质，塑造女大学生健全人格的必要条件；制度文化是形式和纽带，只有通过制度文化，校园精神文化的思想道德要求和价值观念才得以体现。校园文化建设的最终目的是形成健康向上的校园精神和风气，构建良好的育人环境，以利于培养更多更好的女性人才。

---

① 参见文春英、金恩净：《韩国女子大学》，中国传媒大学出版社 2014 年版，第 274～286 页。

一、概　述

女子高等院校校园文化是校园内所呈现的一种特定的文化氛围,它是以校园的生活成员为主体,以课外活动为主要内容,以校园为主要空间,以校园精神为主要特征的一种群体文化。校园文化是学校在长期的教学、科研和行政管理过程中逐步形成的,是在广大师生的直接参与和精心培养下发展起来的。它对改善学生的知识结构,加强学校与社会的交往,继承传统,大胆吸收和借鉴人类社会的一切文明成果,促进学生的进一步社会化,提高学生的积极主动性和创造性,具有特殊的地位和作用。校园文化是一个多层次的主体化的有机整体,是社会文化的一个具体组成部分,也是构建人文知识体系的重要环节。要抓好校园文化建设,在潜移默化中把女大学生培养成全面、自由、和谐而又具有人文精神的人,使之能将内在的人文精神素养外现为良好的行为习惯,提升自我的综合素质,最终成为富有知性的优雅女人。女子高等院校作为高等教育中一个特殊的群体,承担着为社会培养优秀女性高级人才的重任,其校园文化对人才培养质量的提高,对办学特色的凸显,对女性意识的传播和推广具有重要的价值,它反映了女子高等院校的价值取向、思维方式和行为方式上特有的团体意识和审美格调,是维系女子大学发展的精神力量。目前,女子大学通过丰富多彩的艺体活动、语言性活动、学术讲座、清照讲堂、宿舍文化、社团活动、心理咨询等活动形式,营建了富有女性特点的校园文化,在弘扬主旋律文化、实践妇女解放理论、促进女性健康发展及其由学校人到社会人的转变中发挥了重要作用。女子高等院校校园文化的体现,从结构上看可以分为物质文化、制度文化和精神文化三个层次。校园物质文化为表层文化,校园制度文化为中层文化,校园精神文化为核心文化。校园精神文化又称“隐性文化”“潜在文化”,包括校园精神、人的思想道德观念、价值观念、审美观念。这是女子高等院校校园文化的核心与灵魂,是女子高等院校校园文化建设的最高目标,也是建设女子高等院校校园文化的根本出发点。女子高等院校良好的精神文化环境会使工作、学习、生活于这一环境中的人,明显感受到积极、健康、向上的校园文化对自己的影响、熏陶、感染和激励。宽松和谐的精神文化环境能通过各种潜移默化的教育方式把外在的要求内化为校园文化主体的自我要求，从而实现社会化，并激发她们的求知欲望，逐步树立起正确的世界观和人生观，塑造个体优良的品性。[①] 女子高等院校校园道德文化建设的理论依据是中国传统道德教育思想，其中就包括几千年优秀的齐鲁文化。中国传统文化蕴涵着丰富的道德教育资源，这些道德教育资源在当代依然具有一定的生命力，对当前高校大学生道德观教育仍具有一定的启示意义。习近平总书记曾强调指出，培育和践行社会主义核心价值观，一定要立足于中华优秀的传统文化，使其成为核心价值观的重要源泉。只有这样，它才能接地气，才能扎根开花结果，才能被大学生认同。女子高等院校要有效地进行思想政治教育，就要认真学习和研究中国的传统文化，吸其精华，去其糟粕，对其进行吸收和转化，从而树立正确的人生思想政治导向。

女子高等院校是传播马克思主义科学真理的阵地，而不是错误思潮的集散地。要让大学生相信自己的历史传统和民族，不能让西方"和平演变"意识形态动摇女子高等院校大学生的理想信念、摧毁大学生的自信、瓦解大学生的共识、离间大学生的凝聚力、消磨大学生的斗志。因此，大学校园道德文化建设不仅仅是单纯的道德问题，还关系到一个国家、一个民族的生死存亡。在女子高等院校中探讨如何加强和改进学生道德建设，开展齐鲁文化与女子大学校园道德文化建设研究，加快"美德山东"建设，为加快建设经济文化强省提供强大的精神动力和道德支撑，具有十分重要的理论价值和现实意义。

二、齐鲁文化中的道德文化的内涵及特点

齐鲁文化产生于齐鲁大地，它是中国传统文化极其重要的组成部分，是中华文明演化而汇集成的一种反映民族特质和风貌的民族文化，是思想文化、观念形态的总体表征，虽然不能等同于中国传统文化，但中国传统文化的主体、核心、精华就是齐鲁文化。齐鲁文化是一种先进型文化、是一种混合型文化、是一

---

① 参见朱宪玲、张洁清、柳倩华：《女校人文素质教育的目标与实现》，华中师范大学出版社 2010 年版，第 126～138 页。

种地域型文化、是一种伦理道德型文化。齐鲁文化具有完整的文化体系，其核心是儒学。山东是齐鲁文化的发源地，受齐鲁文化的熏陶最深。可以说，每一个山东人一生都在接受齐鲁文化的教育，当地社会生活的各个方面都打下了齐鲁文化深深的烙印，并被大多数中国人和部分外国人所接受，推动了人类文明和社会的进步。齐鲁文化蕴含丰富的道德教育思想，强调品质修为，重视修身养性；强调在社会政治思想领域，在道德教化与政令刑法关系上，要坚持以德教为主的原则。“德”是个人品质的核心。中华民族一直具有崇德重德、尚德倡德的传统。早在《礼记·学记》上就有“建国君民，教学为先”[①]的观点，而“教也者，长善而救其失者也”[②]，可见，道德教育是古代教育的核心内容。儒家思想的创始人孔子认为：“道之以政，齐之以刑，民免而无耻；道之以德，齐之以礼，有耻且格。”[③]意思是说，从政时，你用政令和刑罚来压服百姓，那么百姓可以做到不犯罪，但是并不能使他有羞耻之心；如果你用道德来教化他，用礼来引导他，那么他不但不会犯罪，并且也会有羞耻之心。子曰：“见贤思齐焉，见不贤而内自省也。”[④]也就是说，看见贤德的人就要想着向他看齐，看见不贤德的人就要在内心反省是否有和他一样的行为。子曰：“德不孤，必有邻。”[⑤]意思是说，有德行的人不会孤单，一定会有人来亲近他。中国古代各家各派的思想家都十分重视自我道德修养问题，尤其以儒家学派对修养问题阐发得最丰富、最深刻、最一以贯之，使之成为中国传统道德中最核心的思想之一。在长期人与自然和谐相处的过程中，中华文明积淀了深邃的文化脉络。儒家思想注重“天时不如地利，地利不如人和”的群体意识和团队精神，认为人类社会靠的是社会组织的集体力量，个人的命运与集体息息相关，集体高于个人，个人应倡导集体主义原则。另外，儒家文化认为，和谐是社会发展的精髓，即所谓的“和为贵”。普遍和谐的精神包括“自然的和谐”“人与自然的和谐”“人与人的和谐”以及“自我身心内外的和谐”四个方面。人的本质属性是社会性，每位女大学生都应该学好中华民族优

---

① 《礼记·学记》。
② 《礼记·学记》。
③ 《论语·为政》。
④ 《论语·里仁》。
⑤ 《论语·里仁》。

秀的传统文化，继承并发扬齐鲁文化，多为他人、为社会着想、谋利益。要自觉地遵纪守法，遵守公共秩序，保护环境，爱护公物，维护公共利益，为高校文明、为社会文明、为国家文明做出自己的贡献。中国优秀传统文化早已成为中华民族的基因，植根于人们的内心，潜移默化地影响着人们的思想方式和行为方式。今天我们倡导的社会主义核心价值体系与社会主义核心价值观不仅要适应社会主义市场发展的要求，而且还要与齐鲁文化相承接。在实践中要不断总结经验，开拓创新，赋予优良传统以鲜明的时代内涵，把继承齐鲁文化与弘扬时代精神结合起来，激发人们形成善良的道德意愿、道德情感，培育正确的道德判断和道德责任，引导人们向往和追求讲道德、尊道德、守道德的生活，形成向上的力量、向善的力量，奔向道德高地的秀峦。在新的形势下，正确认知齐鲁文化中的思想道德内涵及特点，持续地从中华优秀传统文化中吸取养分，自愿继承优秀传统文化中的道德理念与精髓，就能不断丰富女子高等院校校园道德文化建设的内涵；强调女性必须具备的传统美德和优秀品质，树立女子高等院校的教育理念就是追求使丰富的智慧与知识、美丽的品德与情感协调发展的人性教育。对美丽和品德的强调正符合传统思想对于女性的定位，美丽和品德也被认为是女性被社会认可所需要的品质。可以说，女子高等院校受到儒家等传统思想的影响，对于女性的培育目标依然无法脱离传统美德的框架，优秀的齐鲁文化思想必将成为女大学生自觉遵守的行为规范和道德准则。

三、校园道德文化创建的基本问题和主要路径

以人为本，重人伦，重道德，是中国传统文化的一个特点。孔子首次提出"有教无类"，认为世界上一切人都享有受教育的权利。在教育实践上，他曾提出"因材施教"等许多很好的建议。孔子的教育思想至今仍然有启发和教育的重要意义。学校是弘扬中国传统文化的最佳课堂。要求学生树立爱国主义意识和民族精神，正是校园文化建设不可或缺的主题。以女大学生感兴趣的"礼"为切入点，强化这种"礼"所蕴含的道德教育，在尊崇仪节中让道德扎根心灵，让道德更自觉地化为行为规范。在大学校园里充溢正能量，在这样一个氛围中引人向上、向善。

(一)女子大学校园文化特征

1. 历史性

校园文化是女子高等院校在长期的发展、实践中不断积累起来的。校园文化是对前一时代文化的继承、批判和创新,并在继承、创新中不断完善和发展。每个学校的校园文化都深深地印上了这一学校的烙印,并显示出学校文化的特征。校园文化的历史性与创新性是紧密相关的,是同一事物的两个不同的方面。

2. 引导性

校园文化对女大学生具有重要的引导作用,学生在耳濡目染中树立正确的价值取向。校园文化作为一种积极向上的精神力量,能够促进女大学生不断进取、不断向上,营造一种"不言而教"的境界,是人文和自然的完美结合,给予女大学生无声的滋养和潜移默化的影响,从而促进女大学生的健康成长,提高女性人才培养的质量。

3. 直接性

女大学生通过直接接触校园文化,可以受到潜移默化的影响,进而影响她们的身心,达到教育的目的;同时,校园文化需要女大学生的积极参与,在参与中丰富和实现校园文化,直接对女大学生的综合素养产生积极的影响作用。

4. 互补性

校园文化与课堂教育互补。课堂教学是每个女子大学培养学生的最主要的形式。但是课堂教学内容毕竟是有限的,课堂不可能涵盖女大学生所需要的全部知识,课堂教育主要是完成知识的传授,而女大学生情操的陶冶、性格的养成、人生修养还需要另一种途径来实现。校园文化恰好可以担当此任。①

5. 综合性

校园文化是由学风、教风、校纪、校规、校园环境、文化活动等因素构成的综合系统,它是这些因素共同作用的结果。校园文化作为一种管理文化,就是通过制度等强制性规范和校风等不具备强制性的软规范,对女子高等院校管理产

---

① 参见朱宪玲、张洁清、柳倩华:《女校人文素质教育的目标与实现》,华中师范大学出版社 2010 年版,第 126～138 页。

生影响。校园文化可分为隐性文化和外显文化两个层次，隐性文化主要是理念和风气；外显文化主要是学校规章制度、学校文化标志和文化活动。校训、校录、校史、校风、校规、校徽等都精炼、严肃、规范地表现出学校的教育环境特征，并以一种无形的力量规范着全校师生的行为。而校园建筑、雕塑、仪式和校园活动等具有典型性、审美性、文化性特征的校园文化同样具有严格的规范性。它们构成一个体系，共同从不同角度、不同层面上影响着女子高等院校的教育活动。

（二）女子大学校园文化特色问题

女子高等院校教育是高等教育一种特殊形式，女子高等院校教育的价值不在于专业，而在于环境。很多人提出了“因性施教”的方针，提到了适合女性的专业设置，这固然重要，但不是问题的根本。因为女性现在从事的职业遍布各行各业，而这些所谓的女性专业和女性职业并没有从根本上改变女性的地位。女子高等院校的存在价值不仅在于专业，还在于女子高等院校独特的校园文化和鼓励性的教育氛围，使得女性获得了更全面的发展。许多著名的女子高等院校，如韩国的梨花女子大学等，在较长的办学历史过程中都逐步形成了校园精神文化，形成了自己所特有的名声品牌。

1. 特殊的女性特色

女子高等院校校园文化是一种特殊的校园文化，校园文化的形成离不开师生的共同参与。由于女子高等院校的学生基本上是女性群体，这决定了女子高等院校的校园文化充满着浓厚的女性气息。整个校园文化以女性为主线，按照女性的视角去构建价值观，彰显的是一种女性文化，传播的是女性主义精神。

女子高等院校的存在与发展取决于特色优势。对女大学生来说，女子高等院校最重要的优点是学校能把女性潜能开发作为教育目标之一。女子高等院校能更好地营造有利于提高女大学生的修养水平、有利于女性成才的环境氛围，有利于构建针对女性的文化培养环境。

2. 特殊的价值取向

女子高等院校坚持并推崇“男女平等、两性和谐”的价值观，女子高等院校的校园文化是为培养社会所需要的女性人才服务。女子高等院校在整个校园文化建设中要将培养女性人才作为校园文化建设的中心，而且自始至终都为这一中心服务。女子高等院校的校园文化主要是以“自尊、自爱、自立、自强”精神为核心,促进女性全面、自由、和谐发展为宗旨的校园精神文化,建立活泼、以人为本、刚柔相济的校园制度文化,构成健康向上、生动活泼、丰富多彩的校园行为文化。这些内容都具有浓厚的女子高等院校特色,从而使女子高等院校的校园文化具有特殊的魅力。

3. 特殊的内涵与形式

从人才培养目标来看,女子高等院校依据社会对人才的要求,结合女性教育的特点,把培养目标确定为知识、能力、素质相协调发展,既有东方传统美德又有现代的开拓气质修养;从校园精神来看,女子高等院校注重“四有”精神教育,并把时代精神融入其中,能够帮助学生树立自尊意识,增强自信心,克服自卑依赖心理,注意发挥自身优势;应培养学生的自立能力,保持学生经济和精神上的独立;倡导自强的品格,鼓励学生积极参与社会竞争。

长期的探索与实践使女子高等院校形成了独特的文化氛围。女大学生在女子高等院校领导、老师和同学的带动下,充分发挥着自身的潜能。她们得到了来自方方面面的鼓励,从墙上标语到校训校规,从校园中的塑像到清晨的晨读,从社团活动到辩论大赛、艺体比赛,女大学生无时无刻不在接受着女子高等院校独特情感的熏陶。女子高等院校的教育不仅是能力的教育,在很多时候还是一种情感的教育、情感的熏陶。

从校训内容来看,女子高等院校也充分考虑了学校的特点,以女性成才的需要为出发点,提炼具有自身特色的校训。

校园文化让女大学生在参与文化娱乐活动的同时,心灵也得到洗涤,有利于帮助女大学生树立正确的人生观、价值观和道德观。和谐的女子高等院校校园文化是学生发展的思想基础和价值导向,是培养学生、传承文明、服务社会的土壤和平台。校园文化环境能激发女大学生潜在的热情、干劲和奋发向上的群体意识,形成强大的凝聚力。女子高等院校在进行校园文化建设中,一定要考虑对女大学生进行传统文化的渗透教育。

(三)女子大学校园道德文化创建的主要路径

1. 首先应注重“礼”的教育

“礼”是一个内涵非常丰富的概念,《论语》中多次谈到“礼”。“礼”文化是一种制度文化,它以“礼”为社会秩序的基础和核心,一切人和事都要遵循礼的规范和准则。女子高等院校校园道德文化建设中注重“礼”的教育,并以“礼”教为核心。高校公共理论课“思想道德修养与法律基础”是一门必修课,该教材多次论及伦理道德教育问题。讲究伦理道德,诚实守信,既是做人的准则,也是对从业者的道德要求。[①] 道德教育有“知”的问题,也有“行”的问题。孔子对于这两方面的关系,着重强调的是道德的实践。他提倡身体力行,要求言行相顾、言行一致,认为对道德认识的真假与深浅依靠道德实践的检验证实。孔子认为,言而不行的人,不是道德高尚的人,而“言过其行”者也应引以为耻。女子高等院校的德育教育提倡每个人都应对自己的言行负责任。在德育教育方面,学生通过课程以及校园环境、校园管理、个人行为认识到伦理道德的重要性,在潜移默化的教育中形成身体力行的自觉行动。因此,培养女大学生高尚的伦理道德和诚信品质,重在教育,贵在实践。应将女大学生诚实守信教育融入思想政治教育全过程及日常生活的全过程,在女子高等院校德育教学工作中首先应注重“礼”的教育,并将“礼”的教育贯穿到大学校园道德文化建设的全部过程中。

2. 应体现当代大学生的精神追求

大学时代是人生中最美好、最宝贵、最关键的时期,把握好这个时期,对每个人一生的发展至关重要。大学校园道德文化建设应体现当代大学生的精神追求。这种精神追求可落实到学校的校风、校训中。山东女子学院的校训是“坤德含弘,至善尚美”,蕴含了当代大学生应当具有的精神追求。

“坤德含弘”,出自“坤厚载物,德合无疆,含弘光大,品物咸亨”[②]。意思是说,大地深厚,普载万物,德行合于天道而又辽阔无疆;它培育一切并使之发扬光大,万物亨通畅达、遍受滋养。这是对大地包容、厚载一切的赞扬。“地势坤,

---

① 参见罗国杰:《思想道德修养与法律基础》,高等教育出版社 2010 年版,第 148 页。

② 《易・坤》。

君子以厚德载物。"[①]所以，坤德含弘，就是希望女院人要具有大地般的德行，具有大地般滋养万物而又无所不包的宽广胸怀。

"至善"，出自《礼记・大学》："大学之道，在明明德，在新民，在止于至善。"大学的宗旨，在于发扬人光明正大的品行，在于人不断地自我更新，在于人达到德才完美的最高境界。

"尚美"，是从女子学院的特点和传统中提炼出来的，是对女院人的一贯要求，是要求女院人具有秀外慧中之美。女大学生要具有青春靓丽之美，要具有端庄、得体、优雅、大气之美。

"坤德含弘，至善尚美"八个字的校训，体现了女子学院独特的精神文化，体现了学校对大学生陶冶性情、提升美德的要求，也是女院人自强不息、自我更新、追求志存高远、追求至善的内在动力。要牢记校训，并以此为我们成长的不懈动力，从今天做起，严格要求，追求卓越。

3. 创建特色道德文化景观是营造优良德教环境的重要举措

在女子高等院校校园环境建设上，坚持以"环境优美、功能齐全、文化浓厚、恬静雅致"为目标，通过建筑物造型、颜色、道路设计、绿色植物造型、人文景点的设置来塑造校园的整体形象，对女大学生的成长有潜移默化的教育作用。

既然环境具有熏陶人的作用，那么在建设女子高等院校校园文化的时候，就要注意通过建设校园自然景观和人文景观设施，让女大学生在优美的校园中陶冶情操。

山东女子学院是山东省唯一的女子院校、全国三所女子普通本科院校之一，是中国女子高等院校联盟创始会员院校之一，是世界女子教育联盟成员单位，是全国妇女性别研究与培训基地、全国家庭教育试验研究基地、山东省高校"十二五"人文社科研究基地、山东省性别平等研究中心、山东高校妇女理论研究基地等。女子学院为经济社会和妇女发展服务，培养具有"四自"特质的高素质、应用型高级人才，力争把学校建设成为特色鲜明、优势突出、多学科协调发展的高水平女子大学。多年来，女子学院注重大学校园特色道德文化景观建设，积极营造优良德教环境。校园内的建筑物以浅绿色为基调，彰显女性特色。

---

① 《易・坤》。

校园周边道路以大学、博雅、居里等命名。在校园内设立校训石，修缮文化墙，创建文化长廊，增设体现女性特色的桌椅，校园内的路灯体现出优雅之美；校园内的景观湖以“镜心”命名，湖畔建有汉白玉李清照雕塑。校园内“I LOVE YOU”等艺术雕塑更是为校园增添了温馨、幸福、和谐的氛围。在这样特色鲜明的校园道德文化景观中，女院人更容易践行言行文明、举止得体、相互关爱的道德风尚。

4. 强化女子高等院校校园道德文化教育内容的针对性

齐鲁文化是塑造女大学生正确历史观、文化观和价值观的思想资源。齐鲁文化对女性特别是家庭主妇有着更高更严格的要求。女性肩负着家庭的全部重担和教育子女的神圣责任。经过 2000 多年的熏陶，齐鲁大地一代代女性传承着吃苦耐劳、任劳任怨、贤良守节、忍辱负重、尊老爱幼、团结互助的优秀品质。她们给家庭带来温暖，为社会做出贡献。人的行为是由动机引起的，而动机来自于需要。女大学生接受行为的选择是与其需要紧密联系在一起的。受齐鲁文化的启示，高校教育工作者可以从校园文化活动出发，进行相关方面的集体教育和人际交往教育，引导学生开展真诚、健康、有益的交往，培养她们自爱、互爱的品德。在教育过程中，学校既要遵循一般大学德育教育的内容，又要突出女性的特点，培养“四自三美一优”的优秀女大学生，“四自”是自立、自强、自尊、自爱；“三美”是仪表美、气质美、心灵美；“一优”是技能优，这样才能突显女大学生的德教特点，实现女子大学的特色人才培养目标。①

5. 把女子高等院校校园文化建设纳入学校发展的总体规划

校园文化是女子高等院校赖以生存和发展的根基和血脉，是女子高等院校教育的精髓和灵魂之一，也是构成女子高等院校办学实力、活力和竞争力的重要因素。因此，加强校园文化建设是女子高等院校的一项基础性、战略性和前瞻性的工作。

精神文化是校园文化的核心，对提升女大学生的综合素质有直接、积极的作用。物质文化和制度文化是女大学生人文素质培养的土壤，是能够对学生人

---

① 参见叶友华：《论师德建设贯彻德教为先的依据与对策》，《黑龙江省社会主义学院学报》2012 年第 3 期。

文素养发挥较大作用的外部环境。校园文化的提升对女大学生的教育功能是显著的。所以，女子高等院校在制定发展总体规划时，要把校园文化建设，尤其是校园物质文化和制度文化的建设提到重要议程上来，要设计具有女子高等院校特色、融科学与深厚人文底蕴为一体的建筑设施和景观布置；要加强制度建设的人文化和人本化，引导和鼓励女大学生成立各种有益的社团组织，并发挥学生社团在学生中的自我教育、自我管理、自我服务、自我约束的作用，以更好地发挥校园文化载体的功能。

校园文化建设的立足点是提高女大学生的文化素质，要深刻理解校园文化的内涵，明晰校园文化建设的基本途径，整合女子高等院校所有力量投入到校园文化建设之中。校园文化既重视硬件建设，也重视软件建设；既体现主旋律，又倡导多样化；既加强规范引导，又注重个性发展，从而实现了女子高等院校校园文化的不断发展和全面繁荣。

为了充分调动女大学生的积极性和参与性，我们应该拓展多样化的女子高等院校校园道德文化建设途径，营造适合学生发展的校园文化氛围，优化德育环境。在校园文化方面，应当加强校园文化的内涵培养，完善德育文化内容；从学风、校风抓起，营造严谨、求实的环境，形成一种道德教育的良好氛围，以利于进一步开展德育工作。在优化环境方面搭建网络平台，便于大家交流，加大宣传力度，提高校园网的影响力；通过电视、广播、网络、杂志、报纸等多种途径来进行正确的道德引导。总之，要想实现道德教育环境的优化，就要明确学生的需要，一切以学生为本，创建适合女大学生身心发展的健康优良的道德环境。对女大学生进行思想道德建设，除了学校教育、家庭教育、媒体舆论教育的途径之外，社会大环境的建设也是必要的关键点。在社会范围内弘扬中国优秀的传统文化，营造良好的社会氛围，是提升女大学生思想道德建设的有效途径。

任何一种思想文化的产生都是历史的产物，更是时代的产物，都有其精髓和灵魂。文化多样性是历史和当代世界的客观事实，世界上每一个国家、每一个民族都有自己的独特传统，都有自己的文化特色。然而，随着经济全球化浪潮的冲击，文化多样性受到严重的威胁。进入21世纪，中国传统文化的复兴、自然国学的复兴成为时代的大趋势。面对这一现实，充分了解我们的齐鲁文化，学习传统文化的智慧，汲取传统文化的养分是我们必然的选择。当前，山东省社会主义核心价值道德体系建设“四德”工程正在紧张而有序地进行着，对高校学生的道德教育是其中重要一环。高校是培养青年大学生的重要阵地，同时也是一个小社会，校园里的每个人都是这个社会的一分子，一言一行彰显着个人的品质和德行。我们在大学校园里工作与学习时，要做到不大声喧哗，言行文明，举止得体，这样才会受到大家的尊重和社会的认可。女子高等院校校园道德文化建设既不是一朝一夕的事，需要我们一起努力；也不是一日一时的某一具体的活动，应贯穿于所有的教育活动过程之中。

第六章

女子大学思政课程教学有效性研究

教育是人类通过正式课堂和日常生活以获得知识、人生观和生存技能的一种历程。其意义在于通过传递历史上的成功经验，既能为社会培养有效率的人群，又能为个人启智育能，使之具备新的创造力。各国文化传统、政治制度和经济状况不同，反映在教育和教育研究领域是各具特色的。但无论是哪一个国家，教育始终是影响社会经济发展和个人发展的重要因素。近 20 年来，随着全球化进程的加速，教育作为一个普世的主题，越来越多地受到各国政府和学界的重视。[①] 女性教育是以女性为主体的教育。一个女性是否受过教育以及受过怎样的教育，对她的一生都有着极其重要的影响。教育是教育者对受教育者所施行的有目的、有计划、有组织地传授一定的知识、技能，发展智力和体力，培养思想品德的过程。教育是人的社会化过程和手段。它不仅包括学校教育，而且包括家庭、社会、自我教育。教育是提高女大学生素质、促进女大学生发展的重要手段。[②] 教育不仅是个人发展的需要，同时也是社会经济发展的需要。女子

① 参见[澳]G. 拉可姆斯基：《女性与教育》，张莉莉译，西南师范大学出版社 2011 年版，第 5 页。

② 参见韩贺南、张健：《女性学导论》，教育科学出版社 2005 年版，第 80～81 页。

高等院校思想政治理论课是女大学生的必修课，是女大学生思想政治教育的主渠道，是帮助女大学生树立正确世界观、人生观、价值观的重要途径，要按照当今社会主义核心价值观的要求，联系改革开放和社会主义现代化建设的实际，联系女大学生的思想实际，把传授知识与思想教育结合起来，把系统教学与专题教育结合起来，把理论武装与实践育人结合起来，切实改进女子高等院校教学方法，提高女性教育质量和水平。[①] 为适应新课程体系和教学要求，思想政治教育专家学者以及女子高等院校思想政治理论课教师在思想政治理论课教学方法的理论研究和实践推进方面进行了大量的探索，取得了一系列的研究成果，对于进一步改进思想政治理论课教学方法，切实增强思想政治理论课的亲和力、吸引力和感染力，增强教学有效性，具有重要的理论意义和现实意义。

一、概　述

女子高等院校思想政治教育工作，是引导女大学生正确处理人与人之间，个人与集体、个人与国家之间关系的社会实践活动。思想政治理论课的教学目标是指教师和学生根据思想政治理论课的教学目的，在具体教学活动中所要达到的预期结果、标准，它决定着课堂教学的具体内容和方向选择。教学目标设定得是否科学、合理、有效，直接关系着有效性教学是否能够实现。科学、合理的教学目标的设定，有助于有效性教学的顺利实现。相反，如果教学目标本身设定不合理，那么即使通过各种方式强行完成了教学任务，最终也只能是一种低效或无效的教学任务的简单完成而已。目前，由于思政课教材具有实践上的相对滞后性，因此在教学目标的设定上，一方面我们要以教学大纲为基础和核心，但另一方面我们又不能完全局限于教材，满足于一知半解，而是要结合社会发展的现实需要和不同时期女大学生发展的身心特点，帮助学生有效解决现实中的困惑和思想上的疑惑。过去思想政治理论课之所以对学生吸引力小、有效性不足，其根本原因就在于我们往往只注重了教学目标设定上的理论要求，而忽视了现实的需要。思想政治理论课是一门系统性很强的学科，其课程内容相

① 参见黄琦：《大学校长访谈录》，山东教育出版社 2012 年版，第 267 页。

对而言都具有较强的实践性和抽象性。大学生作为一个由自然人向社会人转型中的特殊群体,缺乏社会实践经验,运用理论分析问题和解决实际问题的能力尚显不足。这就要求高校教师在教学过程中必须把抽象的、晦涩难懂的理论知识与学生有限的社会体验结合起来,综合采用案例教学、情境教学、讨论辩论、社会调查等实践性教学方法,运用教材中的理论深刻剖析现实热点、难点问题,给学生以新感觉、新体验、新思维。只有这样,才能进一步增强师生间的双向互动与沟通交流,激发学生的主动参与精神,引导学生进行探究式的学习,从而使学生主体获得体验和知识上的双重认同感,最终达到增强教学有效性的目的。与时俱进的实践性品质,决定了思想政治理论课也必然是动态的,这就要求从事思想政治理论课教学的教师也要随着实践的发展不断地更新自己的知识储备、知识体系与知识结构,不仅对课程的内容和知识体系有深入的研究,同时对其他相关的知识内容和知识体系也要有所了解、有所研究。只有这样,才能在具体的教学活动中挥洒自如、游刃有余,教学也才能更加具有说服力、感染力和吸引力,在阐述问题时才能更准确、更深刻,才能更好地加深学生对知识的理解,拓展学生的视野,才能真正激发学生的学习兴趣,培养和提高学生对思想政治理论课学习的积极性、主动性,才能从根本上增强思想政治理论课教学的有效性,获得最佳的教学效果。

二、存在的问题

高校思想政治教育的最终目的是培养和造就德智体美全面发展的社会主义合格建设者和可靠接班人。[①] 应当说,教育本身的价值在于通过切实有效的教育工作所产生的正面效应。思想政治教育的实效性是指思想政治教育活动产生与出现正向结果的效能属性,主要表现为思想政治教育活动在实现既定的教育目标上的程度,以及受教育者思想行为的变化符合教育者主观要求的真实度,并在实践中是经得起检验的教育效果。这种“教育效果”源于充满生机和活力的思想政治教育。这就需要思想政治教育者不断更新观念,不断拓宽途径,

---

① 参见罗国杰:《思想道德修养与法律基础》,高等教育出版社 2010 年版,第 11 页。

不断完善机制，不断增强实效。随着时代的发展，女大学生思想政治教育工作面临着越来越多的问题，这已严重阻碍和制约了我国培养新时代高级女性人才的步伐，加强和改进女子高等院校女大学生的思想政治教育工作势在必行。近年来，我们面临的国内外环境发生了复杂而深刻的变化，社会环境的变化给高校思想政治理论课带来了机遇，同时也带来了挑战。在机遇和挑战面前，我国高校思想政治理论课教育与教学仍沿用传统的模式和方法，导致其实效性不佳，并存在一些问题，这些问题突出表现在以下几个方面：

（一）对思想政治课普遍缺乏学习兴趣

目前，高校思想政治理论课教学的主要问题是学生普遍缺乏学习的动力，有些学生学习态度消极、被动。学生对思想政治理论课缺乏学习兴趣，这在我国各高校普遍存在。据有关思想政治理论课教育教学有效性的调查结果显示，34％的学生对思想政治理论课的学习态度不认真、没兴趣，56.2％的学生对思想政治理论课的学习兴趣一般，学习思想政治理论课是为了应付考试。由于对思想政治理论课缺乏学习兴趣而造成学生显性或隐性逃课的问题普遍存在，严重影响了高校思想政治理论课的教育教学效果。

（二）对思想政治课的重视程度不够

目前，有些学生、教师乃至高校领导只重视专业课教育，对思想政治课教育重视程度不够。一些大学生对思想政治理论课往往持消极态度，已经习惯以一种能逃则逃、能躲就躲的敷衍态度来对待这门课程。很多高校由于师生比例的原因，一般思想政治课都采取合班上课的方式，人数往往超过 100 人，课堂纪律不佳，影响教学效果。因此，有相当一部分学生都不愿意自觉进入课堂，存在长期缺课，或者在课堂上不认真听讲的现象；有些教学部门片面地认为思想政治课挤压了专业课，主张减少课程学时；有些教学部门认为思想政治课压力小，专业性差，因此是可有可无的课程。甚至有些高校领导也对思想政治课认识模糊，对该门课程投入少、支持力度小，造成高校思政课教学效果较差。

（三）既有课程体系设置不合理、衔接性差

思想政治教育的内容体系并不是凭空产生的，而是深深地根源于人的需要。思想政治教育的内容十分丰富，既有道德的内容，也有法律的内容，还有世界观、人生观、价值观以及党的路线、方针、政策等方面的内容。思想政治教育的这些方面的内容会随着不同时代、不同社会的变化发展以及教育对象的不同而变更和调整。我国现行思想政治理论课教材内容与中学思想政治课内容重复多、衔接性差，课程之间存在着内容简单重复和逻辑关系混杂的现象，导致学生在学习思想政治理论课的过程中没有新鲜感，缺乏学习兴趣。

（四）思想政治课教学方法单一、实践教学环节严重不足

长期以来，人们对高等学校教学方法的研究重视不够。高校普遍存在着“高校无教法”的思想，大学教师重学术研究轻教学研究，用想当然的教学方法应付教学，严重影响了教学质量的提高。[①] 目前，虽然传统的“灌输式”“一言堂”的情况有所改善，但大部分教师仍然偏重于概念、理论的阐述，在课堂上照本宣科，对教材内容缺乏消化、吸收和再加工的过程，只注重完成教学计划和进度，忽视了教学的实际效果。虽然有些教师也运用课堂讨论、社会调查等多种方式，并采用了教学视频、多媒体教学等手段，但还没有形成多元的、个性化的教学模式。有的教师对课程准备不充分，对学生所想的、所关注的社会热点问题、疑点问题采取回避态度，对学生的思想状况、思想特点了解不够，没有把握住学生的思想脉搏。当今社会，科技进步日新月异，学生获得信息的途径和范围不断扩大。然而，面对新形势、新情况，高校思想政治理论课仍沿用传统的教学方式和灌输式教学方法。高校扩招之后，受学生人数和教育经费的影响，思想政治理论课实践教学环节严重不足。教学方式方法的落后、单一严重影响了学生学习思想政治理论课的积极性和主动性。

上述问题形成的原因有两点：一方面，思想政治教育理论课的师资存在明显不足，一些高校只是单纯地加大教师的工作量并人为地压缩授课内容，教师的待

---

① 参见戚万学等：《高等教育学》，山东人民出版社 2004 年版，第 157 页。

遇较低而教学压力大。为了完成教学工作量，大部分教师往往疲于上课，没有好的心境和充足的时间进行教学科研，提高教学效果。另外，部分教师缺乏使命感和政治责任感，没有认清思想政治理论课的重要性和必要性，上课应付了事，导致学生产生厌学情绪；有的教师的基本功有待提高，缺乏基本技能的训练，教学感染力不强，不能吸引学生；还有的教师讲课没有重点，语言平淡，不能深入浅出，课堂氛围单调，自然影响教学效果。另一方面，受整个社会环境的影响以及对课程的认识不深入，学生对思想政治课的重视度不够。究其原因，首先是功利主义思想泛滥。在经济利益的驱动下，学生的功利主义思想呈现出愈演愈烈的态势。调查结果显示，在日常生活中学生谈论人生、人性、理想、信念和价值观等涉及人生终极意义的话题越来越少，学生关心更多的是专业课成绩对今后就业的影响，以及外语四、六级能否通过，能否顺利地拿到计算机等级证书，能否找到体面的工作。其次，由于网络信息的传播，学生的价值观也逐渐呈现出多样化、主体性特点，学生会对思想政治课产生一种莫名的抵触情绪，认为思想政治教育是一种教化，教学内容政治化，是空洞的说教，对现实没有更多的指导作用，因而学习兴趣不足。

三、教学有效性途径及其实现方法研究

所谓方法，就是人们在认识世界和改造世界的过程中，为达到预期目的所采用的手段或方式。简言之，方法就是人的活动的步骤、程序、格式。在一个创新的时代，教学方法的创新已成为思想政治理论课教学有效性和生命力的保障。女子高等院校思想政治理论课教学方法要确立以学生为本的创新理念，关注和研究教育环境，重视和借鉴相关学科的教育理论，以此来研究大学生接受思想政治教育的作用机制。高校思想政治理论课教育教学有效性的提高是一项系统工程，具有长期性、复杂性和艰巨性的特点，需要社会各方面的配合和努力以及我们思想上的重视。

（一）坚持以学生为本的教学理念

思想政治教育的价值和归宿就是以人为本。思想政治教育的对象是人，它是教育人、说服人、塑造人的工作，它是建构在“人”的基础上的社会实践活动，

肩负着关注人的自身发展、解读人的存在意义、建构人的精神家园、促进人的全面发展的历史使命。人的价值问题既是思想政治教育价值的逻辑起点，也是思想政治教育价值的最终落脚点。因此，只有坚持以人为本，思想政治教育才能卓有成效，才能产生亲和力和影响力，取得实效性。创新思想政治理论课教学最关键的是教师要热爱和尊重学生。我们的教育实践一再证明，爱一个学生就等于培养一个学生，所以当教师必不可少甚至几乎是最主要的品质，就是要热爱和尊重学生。真正的教育存在于人与人心灵距离最短的时刻，存在于无言的感动之中。教师要抓住学生的心灵，要对自己所讲授的内容真信真懂真用，做到为人师表，热爱和尊重学生，以人格教育人格，以性情培养性情，以心灵感动心灵。这是实施以学生为本的思想政治教育教学创新的核心和精髓。

（二）关注学生思想政治教育的社会环境

所谓环境，是指生物体生存空间内各种条件的总和。马克思说过："观念的东西不外是移入人的头脑并在人的头脑中改造过的物质的东西而已。"[①]人的生存和发展必须以一定的环境为前提，人的思想政治品德也是在一定的环境之中形成和发展的。思想政治教育作为特定的社会实践系统，始终是在与环境的不断交流互动中存在和发展的，其教育功能也只有通过与环境的相互作用才能展现出来。当代大学生的成长伴随着中国经济社会的巨大发展，承受着社会发展变革带来的巨大冲击。特别是处于经济全球化、政治多极化、信息网络化、文化多元化这一时代大背景下的当代中国，各种社会思潮涌动，各种文化相互碰撞、激荡、交融。原有的价值理念和道德标准受到了严峻挑战。人们的思想观念、价值取向、社会交往、生活方式都发生了深刻的变化，纷繁复杂的社会现象和问题会使学生产生许多新的认识问题和思想困惑。面对复杂多变的社会问题，部分大学生疑惑不知所措，困扰不知所解，茫然不知所选，迷途不知所向。一些学生理想淡化，信念模糊，价值观更现实。"人生苦短，享乐为先""干得好不如嫁得好"已经成为一些女大学生的行为准则和人生信条；部分女大学生借助"恋爱"填补自己精神的空虚，自制力极差。而且，一些社会现实让部分学生很早就

---

① 《马克思恩格斯选集》第 2 卷，人民出版社 1995 年版，第 217 页。

明白应该把价值取向关注于具体的事情，而不是信仰层面的东西。她们的审美趣味、生活方式、道德界限也逐渐发生变化，心态过于成熟，被成人世界的规则所左右。"以我为中心"已在部分学生中形成一种思想定式，不在乎国家、集体和他人的利益，只一味地追求自己的利益，社会责任感薄弱。面对种种问题，女子高等院校思想政治理论课教学应注重贴近学生的精神成长需要，更好地展示理论的现实力量，将改革开放和科学发展的理论内涵、思想魅力等引入教学过程中，以更加客观地传递事实逻辑的方式和内涵进行思想政治理论课教学。这是女子高等院校思想政治理论课教学方法创新的迫切要求和重要环节。

（三）优化思想政治理论课内容，改革课程设置体系

现行高校思想政治理论课教材内容脱离社会和学生思想实际，理论性强、说教味浓、实用性差，教师授课方法单一，严重影响了学生学习的积极性、主动性。教材内容的改革可以说是思想政治理论课改革的重中之重。只有创新理论，优化内容，增强吸引力和感染力，才能从根本上改变思想政治理论课现在所处的困境。若不改革内容，其尴尬局面就不会得到很大改观；只有坚持内容创新，才能使思想政治理论课教学焕发出青春活力。

课程体系的改革是增强高校思想政治理论课教学有效性的一个重要方面。在课程体系的设置上，可以压缩原来的课程门数，增加选修课的比例。由于现行高校思想政治理论课突出的问题是理论与实践脱节，因此，多开设社会实践课，为学生参与社会实践提供理论和方法论指导，达到理论与实践结合的最佳效果，可以说是女子高等院校思政理论课课程体系改革的有益尝试。

（四）创新思想政治理论课路径，增加实践教学环节

在一个创新的时代，教学方法的创新已成为女子高等院校思想政治理论课教学有效性和生命力的保障。有的学者认为，同其他学科相比，思想政治理论课具有较强的思想性、政治性、理论性、现实性和实践性，因此，思想政治理论课教学方法的设计和实施要紧密围绕课程性质、教学目的、教学内容而展开，体现其政治性和导向性；要处理好教材体系和教学体系的关系，体现灵活性和技艺性；要符合学生的认知意趣，贴近学生，贴近现实，体现其针对性和有效性。为

此，创新女子高等院校思想政治理论课教育教学方法，最核心的是坚持以学生为本的创新理念，其次要关注和研究高校思想政治教育的环境，坚持理论联系实际；此外，还要重视和借鉴现代传播学等相关学科理论来研究学生接受思想政治教育的作用机制。构建以学生为本、双向互动、生动活泼、符合学生认知意趣和接受特点的课堂教学动力系统。面对新形势、新情况，思想政治理论课教育教学需要新的手段和方法，比如在实际授课过程中，可以利用多媒体教学，增强教学的生动性和感染力；可以利用谈话法、辩论法、演讲法、讨论法等，增强师生之间、学生之间的互动性；还可以利用专题授课法，增强授课的知识性和趣味性；增加实践环节，使理论与实践相统一，提高思想政治理论课的吸引力和感染力等。据有关思想政治理论课教育教学有效性的调查结果显示，学生对今后思想政治理论课改革的建议集中体现在改变理论脱离实际的授课方法，增加社会实践，使理论与实际相结合的方面。可以说，增加实践教学环节是大势所趋。

（五）加强科研和学科建设，注重师资队伍建设

提高思想政治理论课教师素质，以科研推动教学，是加强我国高校思想政治理论课建设的基础。提高“两课”的教学水平，关键是提高教师的科研水平。如果教师的科研水平上不去，教学水平不可能上去。就教学来提高教学，“两课”的教学水平永远无法得到根本提高。理论滞后、脱离实际、说教味浓等是影响当今高校思想政治理论课教学实效性的关键因素；课程体系不合理、衔接性差、内容重复多，是影响学生学习兴趣的主要原因。这种局面的改变，一方面需要理论创新，另一方面需要提高教师的教学水平，加强学科建设。

师资队伍建设是高校思想政治理论课建设的关键和依托，思想政治理论课教学质量的提高、有效性的增强，有赖于教师素质和水平的提高。只有具备一流水平的教师，才能有一流水平的课程。因此，加强女子高等院校思想政治理论课师资队伍建设至关重要。一方面，要加强师资的引进和培训，改善师资结构，提高教师的业务素质、自身思想素质和品德修养，增强教师的个人魅力；另一方面，要树立竞争观念，建立优胜劣汰、奖优罚劣的竞争和激励机制，促进人才合理流动，提高人才质量，优化师资队伍结构。

（六）树立持续改进的教学质量管理理念

教育成功的院校总是致力于教学质量管理体系的持续改进。应识别和选择存在的改进机会，改进教学质量管理环节，纠正、减少和避免非预期情况给教学带来的不利影响。教学质量管理体系为女子高等院校策划、执行、检查和改进教学质量管理活动提供了框架。为达到此目标，女子高等院校可采用各种改进方式，比如纠正和持续改进、突破性的变革、创新和重组等。

总之，针对不同的受教育者，我们必须要适时地调整教育内容和方法。只有在准确、全面、客观地了解教育对象的特点和需求的基础上，才能有针对性地对教育内容和教育方法进行有效创新，才能实现与学生的有效沟通，这样的教育才有意义。思想政治理论课在提高学生思想政治素质以及培养社会主义建设者和接班人方面的作用是其他学科所无法取代的。讲好思想政治理论课、发挥其应有的功能和作用，是党、国家和民族赋予每一位思想政治理论课教师的责任。作为思想政治理论课教师，针对现实中存在的问题，不能回避，更不能灰心，而是要用改革的精神更新观念，提高自身业务水平和素质，改变教学方法，增强授课的吸引力、感染力，从而提高思想政治理论课教育教学效果，发挥思想政治理论课应有的功能和作用，为我国的社会主义建设和中华民族的伟大复兴做出贡献。

女大学生思想政治教育的有效性是一个与时俱进的命题，这是由它的重要性和现实性所决定的，需要女子高等院校广大思想政治教育工作者的高度重视。所以，在具体的女大学生思想政治教育工作中，要形成社会、高校、家庭相互协调的体系，组织社会与家庭各方力量参与到女大学生思想政治教育中来，保证思想政治教育的实效性，从而全面提高当代女大学生的思想政治道德素质，提升国民素质，进而推动社会主义和谐社会的建设。思想政治理论课是对学生进行系统的思想政治教育的主渠道。与其他学科相比，思想政治理论课教学本身具有鲜明的时代性，与中国特色社会主义实践密切相关。当代大学生作为最富有活力的青年群体，在思维方式、生活方式、价值观念、心理状态上呈现出许多新的变化，产生了许多新的思想困惑和认识问题。思想政治理论课要提高吸引力、感染力，勇于回答学生需要解决的现实问题和理论问题。本着贴近生活、贴近实际、贴近学生的原则，以学生真心喜爱和终身受益为宗旨，立足于学生做人成才，不断加强和改进思想政治理论课教学，以提高实效性。

第七章

女子大学思政课程教学质量研究

发展女性教育事业，提高女性教育质量和水平，积累和摸索女性教育经验，是所有女子高等院校一个长期而艰巨的任务，需要每一位女性参与进来并不断付出努力。以顾客为关注焦点是质量管理的核心思想。我国高等学校教育中的主要顾客就是大学生，他们是接受教育的主体。任何高校都要依存于学生，高校如失去了学生，就失去了存在和发展的基础。因此，高校必须时刻关注学生的动向、潜在需求和期望，以及对现有教学质量的满意程度。

从1993年中国正式开展质量管理体系认证工作以来，至今已有20多年，国内的众多企事业单位对认证工作从一无所知、怀疑，到现在的普遍认同，可以说是思想上经历了质变。我国的政府部门、高等院校以及党建部门等都在尝试引入ISO(国际标准化组织)发布的质量管理体系标准(ISO9001:2008)，以提高组织工作质量。它是我国质量管理工作中应用范围最广、知名度最高的管理模式。教学活动可以看作是一种管理活动，随着起源于工业企业的全面质量管理理念在高校教育领域的运用，其基本行动模型“PDCA循环”也被应用于教育教学实践。其核心内容是：通过持续的质量改进和对质量活动的全过程管理，实现教学质量的提高。因此，运用计划、实施、检查、处理的 PDCA 工作循环可以对教学过程进行及时评价和实时监控，以促进教学质量的持续提高。女子高等院校思想政治理论课程在实际教学工作中，运用 PDCA 过程方法模式，坚持教学过程控制原则，确保提升教学质量。结合高校思想政治理论课程自身特点，根据教学大纲、教学计划、教学内容、教学对象诸多方面因素，明确教学流程，识别影响教学质量的全过程，尤其是关键过程，并强化 PDCA 过程控制。对于不同层次、不同专业、不同班级的教学活动，过程控制的侧重点不同，把好教学过程各个环节的质量关，从而有效地提升女子高等院校思想政治理论课程教学质量。

女子高等院校思政课程教学质量研究的理论价值在于把质量管理学科和思想政治教育学科有机地结合起来，把质量管理中的 PDCA 过程方法模式应用于思想政治教育过程，并强化 PDCA 过程控制，从而有效地提升女大学生思政课程教学质量、女大学生思政教育工作质量以及女大学生思政理论研究质量。

一、概　述

所谓过程，就是一组将输入转化为输出的相互关联或相互作用的活动，任何一项活动均可视为一个过程进行管理。过程的基本构成有输入、输出和相关活动三个要素，相关活动包括对过程的管理和控制以及为过程配备适当的资源。PDCA（P—Plan，策划；D—Do，实施；C—Check，检查；A—Act，改进）方法可以适用于所有过程，包括高校思想政治理论课程教学过程。PDCA 循环又叫“戴明环”，是美国质量管理专家戴明博士首先提出的，它是全面质量管理所应遵循的科学程序。全面质量管理活动的全部过程，就是质量计划的制订和组织实现的过程，这个过程就是按照 PDCA 循环，不停顿地周而复始地运转的。PDCA 模式可以简述如下：

P—策划：为按照顾客的要求和组织的方针提供结果，建立必要的目标和过程。

D—实施：实施过程。

C—检查：根据方针、目标和产品要求，对过程和产品进行监视和测量，并报告结果。

A—改进:采取措施,以持续改进过程业绩。[①]

女子高等院校是培养女大学生的重要阵地,而思想政治教育则是贯穿于始终的生命线。当前,我国正处在经济转轨、社会转型的关键时期,利益关系深刻调整,各种矛盾问题相互交织。同时,女子高等院校与社会联系日益紧密,女大学生接受知识和获取信息的渠道正发生着深刻变化,女大学生思想意识和价值取向的独立性、选择性、差异性特征日益明显。一些教师在教学中也存在"远离崇高、淡化政治"的倾向。如何提升女子高等院校思想政治理论课程的教学质量,在一定时期内仍然是思想政治理论工作者所关注和不断研究探讨的问题。

高等学校思想政治理论课程相比于其他专业课程来讲内容较为枯燥,创新教学模式和教学方法应作为高等学校思想政治理论课程教学改革的重点。生动、丰富、创新性的教学模式和教学方法将会极大地提高学生的学习兴趣,从而提升整体教学质量。要根据课程和学校教学质量的要求以及 PDCA 教学模式流程图实施教学过程,把好各个环节的质量关,并加强对教学实施过程的监控,以实现对实施过程的有效改进。

女子高等院校女大学生思想政治教育质量提升模式研究在我国仍处于探索阶段,教学模式和教学方法创新领域的研究存在许多不足,主要表现为经验多,理论少;重复多,创新少;以及科学性与艺术性之间的不平衡等问题。由于缺乏相对稳定的教学目标,缺乏相应学科的支撑,教学质量测评的随意性比较大。思想政治教育质量提升方法的创新研究的意义在于它可以拓宽和深化思想政治教育学科的方法论基础,并将辩证的科学思维方法和原则运用到思想政治教育的实践过程中,形成一套行之有效的教学模式和教学方法体系,力争做到教学模式优化、明了,教学方法简单、适用,更符合实际,具有可操作性,从而提高女子高等院校思想政治工作者的工作水平和工作效率,提高思想政治教育的有效性,让不同的人在执行同样的、相似的思想政治理论课教学工作时能遵守同样的规则。

在实际教学工作中,女子高等院校思想政治教育工作者运用 PDCA 过程方

---

① 参见中华人民共和国国家质量监督检验检疫总局:《GB/T19001—2008〈质量管理体系—要求〉》,中国标准出版社 2009 年版,第 9 页。

法模式，坚持教学过程控制原则，有效地提升了教学质量。对于不同层次、不同专业、不同班级的教学活动，过程控制的侧重点不同。对于关键教学过程，建立标准作业程序，对不适宜的过程，定期对其进行改进。思想政治理论课程教学工作采用过程控制的好处就在于老师基于每个教学过程考虑其具体的要求，教学活动的资源投入、管理的方式和要求、测量方式和改进活动都能互相有机地结合，从而可以有效地使用学校现有资源，降低成本，提高教学质量与水平。

二、思政课程 PDCA 过程方法教学模式

所谓过程方法，就是系统地识别和管理组织所应用的过程，特别是这些过程之间的相互作用。这里，首先是识别女子高等院校思想政治理论课程在实际教学工作中所需的过程，包括教学管理活动、教学资源提供、教学实施和教学检查等有关过程，并确定好各过程的顺序和相互作用。其次是要对各教学过程加以管理，也就是要控制各个教学过程的要素，包括输入、输出、活动和资源等，这样才能使教学过程有效。PDCA 过程方法的策划、实施、检查、改进四个阶段和教学过程中的备课、上课、评价、反思四个阶段能够有机地联系在一起，通过吸收 PDCA 过程方法中全过程质量控制理念，反思教学过程中的不足，将未解决的问题纳入下一个 PDCA 循环，并最终解决问题。所以，PDCA 过程方法教学模式的优点就在于它能对各个教学过程组成的系统中单个过程之间的联系以及教学过程的组合和相互作用进行连续的控制，从而有效地提高女子高等院校思想政治理论课程教学质量。我们课题组成员多年从事高校思想政治理论课程教学，通过研究教学方法与教学模式，探讨思想政治理论课教学流程，结合实际教学经验，不断改进教学过程及内容，研究出适合女子高等院校思想政治理论课程 PDCA 过程方法的流程图，具体内容如图 7-1。

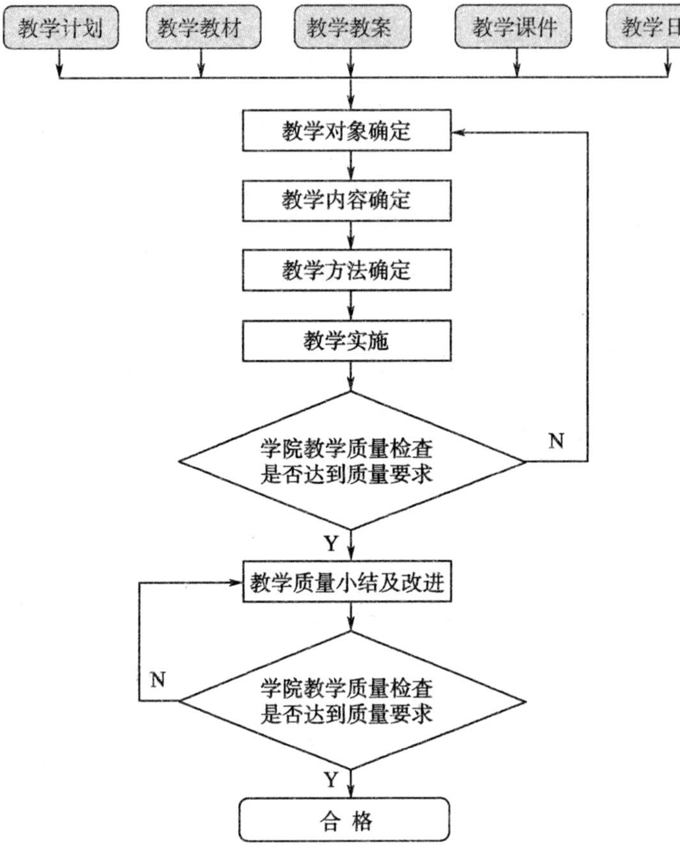

图 7-1 高校思政课程 PDCA 过程方法流程图

三、研究成果

女子高等院校思想政治理论课是开展女大学生思想政治教育的主课堂和主渠道，在培养女大学生全面发展的教育任务中起着方向引领作用，因而其建设越来越受到教育部、教育厅(局)、高校等各级教育部门的高度重视。目前，进一步深化思想政治教育改革，推动理论创新和实践创新，以适应社会经济、政治、文化结构的巨大变迁所带来的种种挑战，发挥思想政治教育在建设和谐社会中的重要功能，巩固和强化马克思主义在意识形态领域的指导地位，维护社会政治稳定，增进校园和谐，促进大学生的全面发展，培养社会主义事业合格建设者和可靠接班人，这是思想政治教育领域重大而急迫的现实课题。[①] 思想政治教育质量提升模式研究是思想政治教育研究的重要领域，既是继承和发扬思想政治教育优良传统的需要，也是国际国内形势发展的需要；既是适应人们思想观念变化的需要，也是思想政治教育规律的根本要求。为做好《思想道德修养与法律基础》的课堂教学工作，按照课程和学校教学质量的要求完成好教学任务，我们课题组在山东女子学院授课的班级中运用 PDCA 过程方法进行了女子高等院校思想政治理论课程教学质量研究工作，研究成果用于课堂教学，教学质量明显提高。PDCA 教学模式研究成果如下：

（一）教学策划（P）

教学策划是指为达到一定教学质量目标，在调查、分析有关信息的基础上，遵循一定的教学程序，对未来某项教学工作进行全面的构思和安排，制定和选择合理可行的执行方案，并根据目标要求和环境变化对教学方案进行修改、调整的活动。教学策划应在教学活动开展之前进行，明确教学活动的目的、职责、步骤和方法。应掌握大学生思想政治理论的知识储备情况、学习动机、兴趣、需求等，做到对教学策划的内容有一个基本把握。只有这样，才可以从容地确定将要传授知识的深度和广度，才能真正做到因材施教，按照课程和学校教学质量的要求进行教学活动。教学策划包括的主要内容为教学质量目标策划、教学重点内容策划、教学方法策划和教学科研策划等。[②]

1. 教学质量目标策划

所谓质量目标，就是在质量方面所追求的目的，而教学质量目标则是指在教学质量方面所追求的目的。质量目标是实现教学意图和策略的具体要求。质量目标应是可测量的，即质量目标的实现程度应是可测量的，包括定量测量和定性测量。定量测量采用数据测量，而定性测量采用“好、较好、一般、差”等词测量。教学质量目标应在教学策划中适当分解和展开，除了有一个总教学质量目标外，还应根据总目标确定分目标。质量目标分解到哪一层次，要视教学

---

① 参见罗国杰：《思想道德修养与法律基础》，高等教育出版社 2010 年版，第 12 页。

② 参见叶友华：《基于 PDCA 模式提升高校思政课程教学质量研究》，《吉林省经济管理干部学院学报》2012 年第 3 期。

输入要素(教学计划、教材、教案、课件等)的具体情况而定,关键是能确保质量目标的落实和实现。山东女子学院开设的“思想道德修养与法律基础”课程的教学质量总目标共分“优、良、中(合格)、差(不合格)”四个级别,教师在教学中策划的教学质量总目标是“优”,即达到山东女子学院优质课评选标准。

2. 教学重点内容策划

(1)各教学环节学时分配

表 7-1　“思想道德修养与法律基础”教学课时分配一览表

序　号	章节内容	授　课	实践教学	合　计
绪　论	珍惜大学生活 开拓新的境界	2	2	4
第一章	追求远大理想 坚定崇高信念	4		4
第二章	继承爱国传统 弘扬民族精神	2	2	4
第三章	领悟人生真谛 创造人生价值	2	2	4
第四章	加强道德修养 锤炼道德品质	4		4
第五章	尊重社会公德 维护公共秩序	2	2	4
第六章	培养职业精神 树立家庭美德	4		4
第七章	增强法律意识 弘扬法治精神	4		4
第八章	了解法律制度 自觉遵守法律	4		4
合　计		28	8	36

坚持深化思想政治理论课教学改革方向,在讲授基本理论的同时,加大实践教学力度,可采取考察、调研、辩论会、演讲等多种方式,在强化道德观念和法治意识的基础上,着力培养学生的团队精神、创新精神及科学研究能力。

(2)教学基本要求

“思想道德修养与法律基础”课是高等学校思想政治理论课程体系的重要组成部分,是帮助大学生提高思想道德素质和法律素养的重要课程。有些教师认为,面对经济全球化、思想多元化的发展态势,在思想政治理论课教学中应淡化政治、远离崇高,忽视思想政治理论课的意识形态性,这种观点是错误的。本课程必须坚持以马克思列宁主义、毛泽东思想、邓小平理论、“三个代表”重要思想和科学发展观为指导,深入贯彻习近平总书记系列重要讲话精神,以理想信念教育为核心，以社会主义核心价值观为重点，以德育和法制教育为基础，以女大学生全面发展为目标。坚持育人为本，贴近实际、贴近生活、贴近学生，努力提高女子高等院校思想政治教育的针对性、实效性，增强吸引力、感染力，从而培养德智体美全面发展的社会主义合格建设者和可靠接班人。

（3）教学重点内容

教师必须在备课上下功夫，认真钻研教材，阅读参考资料，明确每个章节的基本理论和重点、难点，科学合理地安排教学内容；应注意不断更新和充实教学内容，以适应学科发展和实际应用的需要。根据山东女子学院目前本、专科并行的状况，教师策划的“思想道德修养与法律基础”本、专科教学重点内容如表 7-2。

表 7-2　“思想道德修养与法律基础”本、专科教学重点内容一览表

序　号	章节内容	教学重点		备　注
		专　科	本　科	
绪　论	珍惜大学生活 开拓新的境界	了解社会主义核心价值体系的内涵，明确学习和践行社会主义核心价值体系的意义	在专科教学内容基础上，要求学生了解和掌握“划清四个重大界限”的理论内容	
第一章	追求远大理想 坚定崇高信念	要求学生树立科学的理想信念，确立马克思主义的科学信仰，确立中国特色社会主义的共同理想，明确认识马克思主义和中国特色社会主义既是科学的理想信念，又是社会主义核心价值体系的重要内容	在专科教学内容基础上，要求学生不仅树立科学的理想信念，而且要了解中国特色社会主义与民主社会主义，与其他发展道路的共同性与差异性	
第二章	继承爱国传统 弘扬民族精神	了解掌握新时期爱国主义的民族精神、时代精神，自觉维护国家利益，促进民族团结	在专科教学内容基础上，探讨经济全球化条件下，为什么还要发扬爱国主义精神？经济全球化条件下如何爱国？做一个忠诚的爱国者需要在哪些方面作出努力？明星持外国绿卡，中国运动员效力外国球队你怎么看？	

续表

序　号	章节内容	教学重点		备　注
		专　科	本　科	
第三章	领悟人生真谛 创造人生价值	引导学生树立正确的人生观和价值观，培养学生独立的人格、健康的心理、乐观的人生态度。身心健康同等重要，只有身心健康、人格独立、乐观向上，才能创造有价值的人生	讨论人生价值的评价标准。思考权力、财富是不是成功的标志？引导学生在追求经济效益、物质生活的同时，更关注精神生活、社会效益	
第四章	加强道德修养 锤炼道德品质	了解道德的起源与本质，明确道德与法治是调节和维护社会秩序的两种基本手段。掌握社会主义荣辱观的基本内容。大学生应恪守公民道德基本规范，在国家逐渐形成的“市民社会”“公民社会”中，做一个守法的良民。诚信的缺失是当今社会的普遍现象，大学生作为社会的高知群体，应讲诚信，杜绝失信言行	在专科教学内容的基础上，分析诚信缺失的原因，探讨建立大学生诚信档案等制度。把大学生诚信档案信息作为入党、评优、升学、就业的重要依据，使诚信教育规范化、制度化	
第五章	尊重社会公德 维护公共秩序	了解社会公德的内容，践行社会公德的要求，讨论网络生活中有哪些道德要求，怎样避免沉迷网络等问题，养成网络自律精神	在专科教学基础上，介绍物联网相关知识	
第六章	培养职业精神 树立家庭美德	讲授职业道德、婚恋观的基本内容；引导学生树立正确的择业观、创业观。针对山东女子学院女大学生婚恋观调查结果，强化六个方面的教育（可参考《女大学生婚恋观调查研究》）	探讨大学生如何创业，创业需具备的条件等问题，介绍大学生创业的成功案例	
第七章	增强法律意识 弘扬法治精神	引导学生树立法治观念，维护法律权威	在专科教学内容的基础上，讲解现代司法理念及司法体制改革	

续表

序　号	章节内容	教学重点		备　注
		专　科	本　科	
第八章	了解法律制度 自觉遵守法律	了解宪法是国家的根本大法，了解新中国成立以来我国宪法颁布的基本情况。掌握我国实体法律制度包括的基本法的内容。掌握我国程序法律制度包括的基本法的内容(案例讲解)	在专科教学内容的基础上，介绍宪法司法化问题(案例讲解)。介绍新颁布、新修改的法律法规	

在区分本、专科教学重点的同时，在讲授法律基础部分(第七、八章内容)时，要根据专业的不同，对具体的法律制度要有所区别、有所侧重。如面对文化艺术学院的学生，可重点介绍知识产权法、广告法；针对会计学院的学生，可重点介绍会计法及其他相关经济法；而针对教育学院的学生，可重点介绍教育法、教师法等。这样无疑会增加教师的备课难度，但会收到事半功倍的效果。

3. 教学方法策划

教学方式可灵活多样。如：理论教学、案例教学、课堂互动、多媒体教学和第二课堂的实践教学等。目前，多媒体教学是高校教学方法的主要手段，应加强教学课件制作的质量与水平。生动、丰富、创新性的教学课件将会极大提高学生的学习兴趣，从而提升整体教学质量。

对于学习成绩的评定一项，教师应注重科学性、合理性。通过采取多种教学方式与措施，把学生的学习态度、平时成绩、考试成绩、实践水平等方面结合起来进行综合评价。

4. 教学科研策划

科研促进教学，同时科研水平也是高校研究能力的重要标尺，不搞科学研究的教师不可能教好课。所以，教师要善于在教学中发现问题，提出教学科研课题。例如，《思想道德修养与法律基础》第六章“培育职业精神，树立家庭美德”中就提到要树立正确的恋爱婚姻观。为搞好课堂教学，了解学生、特别是女大学生在择偶标准、敏感问题以及婚姻态度等一系列问题的看法，强化女大学生婚恋观教育，引导帮助学生树立正确的婚恋观，本课题组策划了教研课题“女大学生婚恋观调查研究”，选择的方法是问卷调查。该教学科研课题成果发表在《中华女子学院学报》2010 年第 5 期。由于针对性强，收到了良好的教学效果。在讲到第四章“大学生与诚信道德”相关内容时，本课题组结合山东女子学院尚未建立大学生诚信档案的情况，策划了科研课题“大学生诚信教育机制研究”，同时向学校相关管理部门建议，应建立大学生诚信档案，使诚信教育规范化、制度化，收到了不错的效果。

（二）教学实施（D）

教师要根据教案，切实组织好每一堂课。课堂讲授要努力做到理论阐述准确，概念清晰；条理分明，论证严密；突出重点，解决难点；培养学生科学的思维方法和分析问题、解决问题的能力。教学实施的过程控制措施通常可以以教学计划、教材、教案、课件和教学日志等形式来实现，把好实施过程的质量关，并要加强对教学实施过程的监控，以实现对实施过程的改进。

（三）教学检查（C）

学校的中心工作是教学，教学质量是教学工作的生命线，一刻都不能放松。教学单位的各项工作都应围绕教学、服务教学，强化落实集体备课、教学研讨、听评课制度，加强教学各过程控制，不断提高教学质量。根据课程和学校的教学质量的要求，对教学过程、教学质量和学生成绩进行监控，并及时报告检查结果。教学检查包括的主要内容为教学自查、学院检查、学校抽查等。

1. 教学自查

根据课程和学校的教学质量的要求，自查教学过程在 PDCA 每一环节是否已被识别并规定了具体的教学要求。检查每一教学过程是否被分配、细化，检查每一教学过程是否有效，教学的结果与学生的期望是否一致，是否达到教学策划制定的教学质量目标。可以通过课堂提问、师生交流、作业、考试等环节对学生的学习情况进行了解，从评价的结果中得出教学方法是否达到预期的目标。如果发现存在问题，就将这些问题放入下一个 PDCA 循环中，直至最终解决问题。

2. 学院检查

根据课程和学校的教学质量的要求，二级学院教学督导员每学期至少听课5次，对教师课堂教学进行检查和督导。通过督导员随堂听课、定期召开座谈会等形式，及时发现教学工作中存在的问题，提出改进的意见和建议，并把学生评价和教学督导小组成员评价情况及时反馈给授课教师。

3. 学校抽查

学校教学主管领导、教学督导员等根据课程和学校的教学质量的要求，不定期地对思想政治理论课程进行抽查，检查PDCA每一过程的有效性，重点检查教师授课是否达到课程和学校规定的教学质量要求。

4. 对教学过程存在质量问题的原因分析

对未达到课程和学校规定的教学质量要求的不合格课程应进行原因分析，采取纠正和纠正措施。纠正是针对不合格课程本身所采取的处置措施，但该类不合格课程今后可能还会再出现。而纠正措施则是为消除导致不合格课程的原因所采取的措施，通过纠正措施的实施，可以达到防止同类不合格课程再次出现的效果。对潜在的不合格课程，应采取预防措施。对不合格课程究竟采取哪种措施应视具体问题而定。以下是某学期不合格课程的典型示例，其原因统计分析图如图7-2。

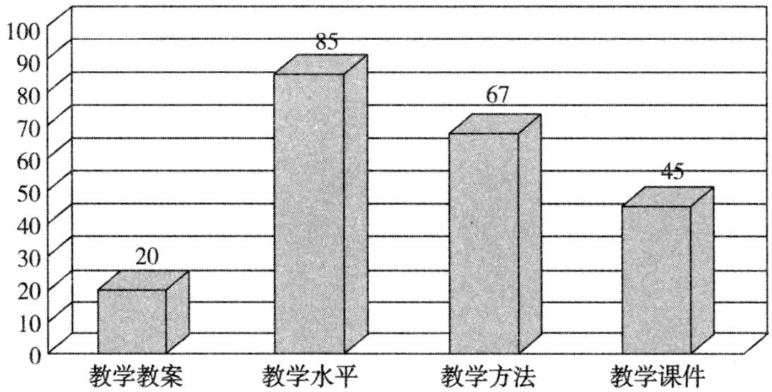

图7-2　影响教学质量典型示例原因统计分析图

运用PDCA过程方法模式，依据《GB/T19001—2000的统计技术指南》中规定的统计方法，收集、整理数据，并使用相应的方法列表，对调查数据进行统计分析，得出影响思想政治理论课程教学质量的因素是教学水平和教学方法，应作为教学改进的重点内容。

（四）教学改进（A）

运用PDCA过程方法模式开展高校思想政治理论课程教学，应根据学校教学质量检查评价的意见，提出教学质量改进目标，制定和实施改进措施，跟踪改进的效果，并及时验证改进措施的有效性，以持续改进教学过程业绩，提升思想政治理论课程教学质量。通过上述调查统计分析，教学改进的主要内容应为教学水平和教学方法。

1. 提升教学水平

2010年，我国通过了《国家中长期教育改革和发展规划纲要（2010～2020年）》，这是党中央、国务院着眼于全面建成小康社会和现代化建设全局作出的战略决策，是对我国未来十年教育事业发展进行全面谋划和前瞻性部署。《纲要》中明确提出了未来十年教育改革和发展的战略目标是基本实现教育现代化，基本形成学习型社会，进入人力资源强国行列。教育公平和提高质量是教育改革和发展的两大战略重点。要实现这个战略目标，就必须加强教师队伍建设。

从学校来讲，提升教学水平，首先要完善并严格教师准入制度，严把教师入口关，完善教师退出机制；加强学校岗位管理，创新聘用方式，完善激励机制，激发教师的积极性和创造性；深化教学内容改革，实现从注重知识传授向更加重视能力和素质培养的转变。高度重视实践环节，提高学生实践能力；坚持教授上讲台，保证为学生提供高质量教学。要把为本科生授课作为教授、副教授的基本要求；加快完善教师培养培训体系，通过研修培训、学术交流、项目资助等方式，造就一批教学名师和学术带头人，提升教学水平，确保教学质量。

从个人来讲，提升教学水平，应认真备课，更要加强研究，不断探索教学改革的新思路、新方案。只满足于讲好课而不作科学研究的教师是不可能讲好课的，特别是思想政治理论课教师，更要与时俱进。

2. 创新教学方法

2006年1月9日，我国召开了全国科学技术大会，提出我们要“不断提高自主创新能力，到 2020 年使我们国家加入到创新型国家行列”。要实现这一目标，教育是关键，教师应创新地教，学生应创新地学，才能大幅度提升高校科技成果的数量和质量，从而提高高校科技成果转化率。2009 年颁发的诺贝尔物理奖由三人分享，其中一人是美籍华人科学家高锟，他曾任香港中文大学校长。消息传来，港人引以为傲，华人引以为傲。在骄傲的同时又让我们产生些许的遗憾和深深的思考："中国科学家何时能拿诺贝尔奖？""钱学森之问"又一次摆在我们面前。可见，我们的教育体制、科研机制、人才培养机制还有很大的改革空间。

创新教学方法首先要考虑教学对象，山东女子学院的学生以女生为主。因此，本课题组在教学中注重探求女大学生的心理特点和智力优势，创新教学方法和教学理念，收到了不错的效果。

创新教学方法的根本目的在于提高学生的能力。了解时事，把握形势，是大学生的基本素养。因此，在每堂课教学的前 10 分钟，教师会让学生讲述本周所发生的国内、国际时事新闻，包括我们山东省、济南市的大事要闻，甚至我们学校、班级的热点、焦点。这样既培养了学生关注时事的良好习惯，又了解了学生的思想动态，在教学中可以做到有的放矢。

创新教学方法的前提是要有好的教育理念，在这一点上，我们可以借鉴美国、韩国思想政治教育的一些显著特点和有效做法。在美国，学校既重视正式课程，又重视隐蔽课程。所谓"隐蔽课程"，是与正式课程或称"显著课程"相对而言的，这里主要指学校的生活环境。受柯尔伯格认知发展理论的影响，美国教育界认为学校和课堂的气氛、教师的形象、学校的规章制度、校内的舆论导向等对学生的政治观、道德观和价值观形成的作用绝不亚于正式课程。他们认为学校应当把现实的社会生活缩小到一个雏形状态，只有让学生在这种与社会生活环境相一致的学校生活环境中接受训练，才能使他们的思想品德达到一个"好公民"境界。所以，创新教学方法，不仅是在课堂上，还包括课堂外。利用节日庆典、重大事件等时机对学生进行思想政治教育是极好的做法。改革教学方法也不能一味追求新奇。适应新时代、创造和应用新的教学方法和手段固然是高校思想政治理论课教学改革的实际需要，但如果一味求新求奇，过分地关注形式而忽略了教学内容，冲淡了思想政治理论课的理论性和系统性，这是不可取的。不能为改革而改革，为找方法而找方法。改革方法本身并不是目的，改革的目的是要调动女大学生学习思想政治理论课的积极性、主动性，从而增强当代女大学生接受马克思主义学说，树立科学的世界观、人生观的实效性，这才是目的。

第八章

女子大学思政课程标准化教学建设研究

女性教育研究是女性教育发展的结果。要针对女性在教育领域的现状，采取科学教育管理手段改善或提高女性的受教育水平。教育是人类最基本的活动，是人的社会化过程和手段。教育学的基本原理表明，不同的课程有着不同的性质，而课程的性质又决定了该课程的教学指导思想、教学原则、教学方法和教学手段的设计和实施。女子高等院校的思想政治理论课是对女大学生进行思想政治教育的主渠道、主阵地，它担负着培养大学生马克思主义的世界观和方法论，对大学生进行系统的马克思主义理论教育，把大学生培养成“四有”新人的重要使命。理论性、思想性、政治性、德育性、时代性是女子高等院校思想政治理论课的固有属性和特征，对思想政治理论课教学方法的改革、设计、选择、使用都必须从思想政治理论课的这些固有性质和特点出发。对于高校思想政治理论课，党中央历来高度重视并把高校思想政治理论课的课程建设纳入了马克思主义理论建设重点工程，组织编写了统一的全国通用教材。如何让学生对教材“入心、入脑”？如何让学生对思想政治理论课“真心喜欢，终生受用”？如何提高思想政治理论课教学有效性？这一系列问题促使一线教师开展了一系列教学方法的改革探索与实践，摸索到一些全新的受学生欢迎的教学方法，取得了较好的效果。在实际教学工作中，运用科学的质量管理方法，坚持标准化教学控制原则，可有效提升教学质量，是高等教育制度化、规范化与科学化管理的根本保证。要结合高校思想政治理论课程自身特点，根据教学大纲、教学计划、教学内容、教学对象等诸多方面因素，探讨女子高等院校思政课程标准化教学相关问题，开展标准化教学建设研究，把好教学过程质量关键控制点，确保女子高等院校思政课程教学质量。

一、概　述

女子高等院校是培养女大学生的重要阵地，而思想政治教育则是贯穿于始终的生命线。伴随着社会主义市场经济发展而产生的竞争意识、等价交换、优胜劣汰、利益最大化等思想意识，对促进经济发展有重要的推动作用，但是这些思想意识同我们一贯倡导的集体主义、团结互助、舍己为人、大公无私等思想意识又是有矛盾的，如果把握不好，就会对女大学生的思想道德意识培养产生不良影响。因此，女子高等院校思想政治教育的任务更加艰巨，如何提升女子高等院校思想政治理论课程标准化教学质量，在一定时期内仍然是思想政治理论工作者所关注和不断研究探讨的问题。

二、标准化教学存在的问题

以质求生，以质求胜，质量是一个永恒不变的主题。只有质量文化的良好发展，才能保障社会主义市场经济和社会生活的健康运转。相对发达国家来说，我国的质量文化建设基本上还处于起步阶段，落后于市场经济发展的需要。各高校应运用科学的质量管理方法，坚持标准化教学控制原则，积极开展高校思想政治理论课程教学，以持续改进教学过程业绩，提升课程教学质量。当前，高校思想政治课程标准化教学建设还存在很多不足，主要表现为以下五个方面的问题：

(一)标准化教学目的性认识不足

习惯于传统教学模式和管理方法，缺乏创新精神和教学改革勇气。女子高等院校思政课程标准化教学首先应理顺关系，理清思路，统一认识；其次要打好基础，加强标准化知识学习与培训，力争标准化教学建设再上台阶；再次要规范教学管理，强化教学过程控制，用标准化教学模式指导高校教学。

(二)标准化教学系统性较差

标准化教学要循序、系统、连贯地进行，要进行全过程、全方位管理，要全员参与。

(三)标准化教学层次性混乱

标准化教学不是简单的标准文件的集合，而是有层次的要求。上一层次对下一层次的标准起到指导、制约作用。个性化的标准应在底层，共性的标准则上升到上一层，每个子体系中都可能有标准。只有做到标准化教学各层次任务明确，教学过程控制才能有的放矢，才能达到预定的教学质量和教学目标。

(四)标准化教学协调能力不强

标准化教学是个系统工程，需要各层次教学人员密切配合，分工协作。教学标准体系内的标准、上下层次的标准、同层次的标准、教学管理标准、教学质量标准、教学科研标准等之间应相互协调；同时，还要与其他管理体系标准、与上级主管部门标准及国家法律、法规等相互协调。

(五)标准化教学科学性有待提高

应借鉴先进管理模式的思想理念，如系统管理(整体功能)、过程方法(PDCA)、关键控制点(CCP)、合格评定、持续改进等，加强标准化教学的科学性建设。摒弃传统的教学模式、教学方法和教学手段，倡导标准化教学创新能力的提高，科学地制定标准化教学质量管理体系、教学内容和教学质量考核制度，运用科学的质量管理方法，坚持标准化教学控制原则，确保思想政治理论课程教学质量的提高。

三、标准化与高校思政课程质量文化建设

文化是指一系列规范或准则，而质量文化是指在长期的生产经营活动中形成的有关质量问题的价值取向、规范、思想方式等形态的总和。质量文化是当代文化学研究的最新课题，也是国家或地区借助于文化力量振兴其经济竞争力的强大武器。1996 年我国发布了《质量振兴纲要(1996～2010)》，2012 年又发布了《质量发展纲要(2011～2020)》。两字之差，让人印象深刻，也突显了质量在我国经济社会发展中的重要性。如果说 20 世纪是生产率的世纪，那么 21 世纪就是质量的世纪。

标准是对重复性事物和概念所作的统一规定，它以科学、技术和实践经验的综合成果为基础，经有关方面协商一致，并经批准、发布，作为共同遵守的准则和依据。而标准化是指在经济、技术、科学及管理等社会实践中，对重复性事物和概念通过制定、发布和实施标准，达到统一，以期获得最佳秩序和社会效益的全部活动过程。标准化是人类在长期生产实践过程中逐渐摸索和创立起来的一门科学，也是一门重要的应用技术。[①] 标准化是一个活动过程，是一项具有特定目的的活动(针对的是现实问题和潜在问题)，是一项建立规范的活动。标准化的本质就是为获得有序化，获得"最佳秩序"的动态过程，它在社会生产组成部分之间进行协调，确立共同遵循的准则，建立稳定的秩序。标准与标准化之间既有区别又相互关联。目前，标准化已在经济社会和百姓工作生活中无处不在，而高校思想政治课程质量文化建设就是其中之一。通过科学制定高校思想政治课程标准化教学依据、模式、方法和内容等，把好教学过程质量关键控制点，将教学过程中重视质量意识变成执行过程中"讲程序，有依据，重标准，看效果"的具体行动，有效克服了教学管理中的随意性，使高校思想政治课程教学质量管理逐步纳入法制化、规范化和科学化轨道。

---

① 参见王忠敏:《标准化基础知识实用教程》，中国标准出版社 2010 年版，第 1 页。

四、思政课程标准化教学建设研究

标准化是一个组织管理的重要工具，标准水平和管理水平是组织竞争力的表现。只有重视标准化及应用标准化的手段来规范女子高等院校各项教学、科研和管理工作，学校的教学质量才会有保障。因此，在当前和今后一个时期，加强女子高等院校思想政治课程标准化教学建设研究，推进女子高等院校质量文化建设，进一步形成以质量和效益为中心的高校发展理念，具有重要的现实意义。

（一）标准化教学建立依据

女子高等院校建立标准化教学的出发点是为获得最佳教学秩序和取得最佳教学效益。标准化的首要要求就是使工作过程简化，没有最优，就没有标准化。标准化为女子高等院校教学科学管理奠定了基础，制定标准的依据应是科学、技术和实践经验的综合成果。要在思想政治课程标准化教学建设研究方面不断总结经验，逐步完善标准化教学建立的依据。本课题组推荐的女子高等院校思想政治课程标准化教学的依据如下：

（1）国家现行质量管理规范；

（2）教育部相关高校教学质量规定；

（3）教学大纲；

（4）课程教材；

（5）学校或部门相关质量管理体系文件等。

（二）教学质量管理体系标准化的建立

教学质量管理体系可促进女子大学整体绩效的提高。组织为了实现其战略目标，采用管理体系是一项战略性决策。教学质量管理体系是组织相互关联或相互作用的一组要素，以此建立战略、方针和目标并实现这些目标的过程。教学质量管理体系是女子高等院校治理制度和管理制度的总称。为实现组织的目标，组织应将若干个不同的管理体系（如教学质量管理体系、教研质量管理体系、教工办公自动化管理体系、职业健康和安全管理体系)整合起来,充分发挥整体效能,满足相关的法律法规、监管、标准和顾客、相关方、利益方要求,履行应尽的经济责任、生态责任和社会责任,开展相关活动。当教学活动被作为相互关联的系统进行管理时,可更加有效和高效,并可得到预期的结果,从而促进女子高等院校整体绩效的提升。

教学质量管理体系标准化的建立应采用过程方法。过程方法可以提高女子高等院校实现既定目标的有效性和效率。过程方法是为顾客和其他相关方创造价值的、有力的组织与管理活动。教学质量管理体系是由相互关联的过程所组成的。采用过程方法所需满足的具体要求是ISO9000标准条款的"质量管理体系及其过程"。

教学管理环节经常被设计成教学职能部门的层级结构,根据职能部门间的责任划分进行垂直管理。对于所有参与者而言,最终顾客或其他相关方并不总是明确的。因此,在部门接口边界出现的问题往往不会像本部门的短期目标那样得到优先考虑,这就导致很少或没有针对相关方的改进措施。与其他方法相比,过程方法的主要优点是能对这些过程间的相互作用和组织的职能层次间的接口进行管理和控制,旨在提高组织实现既定目标方面的有效性和效率,通过满足顾客需要来增强顾客满意度。

质量管理体系是任何组织有效运转的基础,在推动经济持续增长和稳定发展中发挥着重要作用。[①] 组织通过了质量管理体系认证,就标志着其已经依据相关标准、准则和规范建立了一套管理体系。只要严格依据该体系运作,组织的工作质量就会有保障。组织工作质量水平的提高,不仅依赖于管理的程序化、规范化,也依赖于管理思想与理念。一个不遵循管理规律的组织是很难有显著发展的。女子高等院校思想政治教育部门应依据ISO9001质量管理标准,建立思政课程教学质量管理体系,编制质量手册、程序文件、教学作业指导书等管理体系文件。要定期地对其质量活动进行内部审核,以验证其运作持续符合管理体系的要求。定期地对管理体系和教学活动进行评审,确保管理体系持续

---

① 参见中华人民共和国国家质量监督检验检疫总局:《GB/T19001—2008〈质量管理体系—要求〉》,中国标准出版社2009年版,第2页。

适用和有效，并进行必要的改进。特别针对教学活动使用的原始记录表格，每年至少修编一次，教学记录力争做到优化、明了。同时，记录的表式应简单、适用，更符合实际，具有可操作性。切忌照抄照搬其他组织记录表式，避免无效、无用记录产生。目前，一些院校、部门仍习惯于传统管理，传统的重教学、轻管理的思想已在人们的头脑中根深蒂固，并形成惯势。女子高等院校标准化教学工作越是执行困难，越能反映出管理的弊端。学校应坚定不移地推行标准化教学，标准化与女子高等院校质量文化建设是提高教学质量的根本保证。

成功的女子高等院校总是致力于教学质量管理体系的持续改进。改进对于组织保持当前的业绩水平，对其内、外部条件的变化作出反应并创造新的机会都是非常必要的。持续满足顾客要求、解决相关方的需求和期望，并确定更加复杂化的组织环境，可以使组织更加具有活力、富有挑战力。教学质量管理体系为女子高等院校策划、执行、监视和改进教学质量管理活动的绩效提供了框架。

（三）教学内容标准化的建立

标准的对象是需要协调统一的重复性事物和概念，高校教学活动可以看作是一种管理活动，女子高等院校思想政治理论课的教学内容属“重复性事物和概念”，具备建立标准化的条件。标准化教学内容是女子高等院校标准化教学的基础，也是提高教学质量的关键。女子高等院校思想政治课程标准化教学内容包括教学质量目标、教学重点内容、教学方法和教学科研等。“思想道德修养与法律基础”课是一门融思想性、政治性、知识性、综合性和实践性于一体的课程[①]，是高等学校思想政治理论课程体系的重要组成部分，是帮助大学生提高思想道德素质和法律素养的重要课程。本课题组以该课程为例，探讨思想政治课程标准化教学相关问题，开展标准化教学建设研究工作。

1. 教学质量目标

教学质量目标是指在教学质量方面所追求的目的。质量目标是实现教学意图和策略的具体要求。质量目标应是可测量的，除了有一个总教学质量目标

---

① 参见罗国杰：《思想道德修养与法律基础》，高等教育出版社 2013 年版，第 11～12 页。

外，还应根据总目标确定分目标。每个教师在策划自己的教学质量目标时，要统一按照标准要求制定，达到山东女子学院优质课评选标准。

2. 教学重点内容

教学基本要求是坚持以马克思列宁主义、毛泽东思想、邓小平理论、“三个代表”重要思想和科学发展观为指导，深入贯彻习近平总书记系列重要讲话精神，以理想信念教育为核心，以社会主义核心价值观为重点，以德育和法制教育为基础，以大学生全面发展为目标。《思想道德修养与法律基础》(2013 年版)教材包括 8 章内容，各教学环节学时分配应合理，明确每个章节的基本理论和重点、难点，科学合理地安排教学内容。制定统一、标准的学时分配和重点教学内容。应注意不断更新和充实教学内容，以适应学科发展和实际应用的需要。在强化道德观念和法治意识的基础上，着力培养学生的团队精神、创新精神及科学研究能力。

3. 教学方法

教学方法统一采用本课题组 2012 年的研究成果，即女子高等院校思政课程 PDCA 过程方法教学模式。教学方式可灵活多样，包括理论教学、案例教学、课堂互动、多媒体教学和第二课堂的实践教学等。目前，多媒体教学是高校教学采取的主要方法，应加强教学课件制作的质量与水平。从事该课程的教师应群策群力，共同参与，明确分工，协调配合。生动、丰富、创新性的教学课件将会极大提高学生的学习兴趣，从而提升整体教学质量。

4. 教学科研

科研促进教学，同时科研水平也是高校研究能力的重要标尺，不搞科学研究的教师不可能教好课。所以，教师要善于在教学中发现问题，提出教学科研课题。从事该课程的教师应结合教学，有针对性地制定科研课题，成立课题组，统一教学科研要求，共同解决教学中存在的问题。同时，向学校相关部门建议，建立大学生诚信档案，使诚信教育规范化、制度化。

(四)教学环境标准化的建立

教学环境是指对女子高等院校建立和实现教学目标的方法有影响的内部和外部因素的组合。构成教学环境的社会是一个由各个要素有机联系、功能高度分化的系统。女子高等院校要在环境中存在和活动，就必须适应环境特定的功能要求。环境系统决定着不同类型的组织的不同目标，组织与环境的关系状态还影响到目标的形成，因此教学环境具有综合性、复杂性和不确定的特点。

对教学环境的理解是一个过程，这个过程确定了影响组织的目的、目标和可持续性的各种因素。它既需要考虑内部因素——价值观、文化、知识和绩效，也需要考虑外部因素——法律的、技术的、竞争的、市场的、文化的、社会的和经济的环境。

女子高等院校的成立是为了实现某一特定目的，且该目的驱使着女子高等院校所做的每一件事。一个组织要想长期生存和发展，自然应清楚地定位自己的社会角色和为社会能做的贡献。组织的目的可被表达为其愿景、使命、方针和目标。

教学环境可分为教学的外部环境(经济环境、政治环境、技术环境和自然环境)和教学的内部环境(组织使命、组织资源和组织文化)。教学环境的确定影响教学的目的、目标和可持续发展的各种因素，需要采用可行方法，对内外部因素进行分析。

教学外部环境的构成：

1.经济环境(包括宏观经济和微观经济)。教学的宏观经济环境是指在国家和地区发展水平上给学校的市场机会或环境威胁的社会力量，可理解为泛指社会制度、方针政策、法律法规等。教学必须明确禁止哪些事情，允许哪些事情以及鼓励哪些事情。教学的微观环境主要包括：所在地区消费水平、消费偏好、就业程度等。微观教学环境因素直接决定女子高等院校目前及未来的市场规模。

2.政治环境。教学的政治环境就是指一个国家或地区在一定时期内的政治大背景。政治环境的好坏影响着教学的宏观经济环境，从而也影响着女子高等院校的教学经营活动。

3.技术环境。科技进步会促进女子高等院校教学活动过程中物质条件的改善和技术水平的改进，从而使学校教学获得更高的效率。技术环境对女子高等院校活动成果有着重要的影响。只要技术进步了，学校现有的教学设施、教学方法就可以被新的技术手段所取代，例如微信、微博、QQ、网络视频、多媒体等教学手段。

4.自然环境。通常是指女子高等院校所处地区的地理位置、自然资源的状况。我国地域辽阔,各地区自然条件和资源差异较大,沿海地区与内陆地区的经济发展条件和水平也完全不同。

教学内部环境的构成:

1.女子高等院校使命

女子高等院校使命是指该组织(作为一个子系统)在社会(大系统)中所处的地位、所起的作用、承担的义务以及扮演的角色。组织使命体现组织的根本目的;它既是反映外界社会对本组织的要求,又体现着组织的创办者或高层领导人的追求和抱负。

2.女子高等院校资源

女子高等院校资源是指高校拥有的,或者可以直接控制和运用的各种要素。这些要素既是组织运行和发展所必需的,又是通过管理活动的配置整合,能够起到增值的作用、为组织及其成员带来利益的。

3.女子高等院校文化

女子高等院校文化,或称该组织文化,是一个组织由其价值观、信念、仪式、符号、处事方式等组成的、组织所特有的文化形象。文化是女子高等院校的灵魂,组织文化产生自然的影响力,牵制人的思想,驱动人的行为,是一种非制度的强大驱动力。

教学环境的分析方法:

由于教学环境的确定影响女子高等院校的办校目的、目标和可持续发展的各种因素,因此需要采取可行方法对内部因素(包括价值观、文化、知识和绩效)和外部因素(包括法律的、技术的、竞争的、市场的、文化的、社会的和经济的)进行分析。女子高等院校教学环境分析可以采用以下方法:

1.SWOT 分析法

SWOT 分析法是用来确定组织自身的竞争优势、竞争劣势、机会和威胁,从而将组织的战略与组织内部资源、外部环境有机结合起来的一种科学的分析方法。

2. 行业环境分析法

行业是组织生存、发展的空间，也是对组织服务经营活动产生最直接影响的环境。组织开展行业环境分析具有更强的针对性。

3. 其他分析方法

价值链分析组织还可以采用价值链分析、组织竞争态势分析等。[①]

教学环境的标准化建立就是依据教学的外部环境（经济环境、政治环境、技术环境和自然环境）和教学的内部环境（组织使命、组织资源和组织文化），确定影响教学的目的、目标和可持续发展的各种因素，采用可行方法，对内外部因素进行分析，构建适宜的教学环境。对不适宜的环境因素，采取相应纠正措施和预防措施，进行不合格输出控制，防止不合格输出的非预期使用，从而提高女子高等院校教学质量。

（五）教学质量考核制度标准化的建立

质量文化是组织文化的核心部分，两者既有联系又有实质性的区别。质量文化的形成和强化是一个循序渐进的过程，是一个从无到有、从模糊到清晰的过程。因此，组织的最高管理者应有长期的思想准备，身体力行，积极倡导质量文化建设，并结合质量管理体系中对质量文化的要求，从思想、行动、制度、措施、员工精神面貌、服务质量上落实到位。提升质量文化，就是要对群体的行为模式施加影响，其中一个重要的手段就是通过制度的建设来影响行为模式。一个组织的制度以及所处国家和社会的制度能在一定程度上规范群体的行为模式，所以建立一个好的组织制度在质量文化建设中具有重要作用。健全质量考核制度，在具体的考核方案中将服务质量、顾客满意度等作为员工的重要考核指标，并与全员的品质绩效相关联。

女子高等院校的中心工作就是教学，教学质量是教学工作的生命线，一刻都不能放松。学校的各项工作都应围绕教学、服务教学，强化落实集体备课、教学研讨、听评课制度，加强教学各过程控制，不断提高教学质量。健全教学质量

---

① 参见中国认证认可协会：《质量管理体系审核员 2015 版标准转换培训教材》，中国质检出版社/中国标准出版社 2015 年版，第 52～53 页。

考核制度，统一教学质量考核标准，在具体的考核方案中将教学质量、学生满意度等作为教学的重要考核指标，并与教师的品质绩效相关联。考核指标要详细分解和细化，跟被考核者工作直接相关，驱动教师从自己的实际工作入手，使教师的质量意识不断得以改善和提升。对出现的教学质量问题，要实施严厉的责任追溯，推行零缺陷考核、质量事故考核、制度执行考核机制。对未达到教学质量要求的，应继续实施跟踪考核，直至符合质量要求为止，以此鞭策教师认真做好自己的工作，形成良好的习惯。

“标准助推改变，标准服务社会。”随着标准和标准化活动在经济社会发展中所发挥的作用日益凸显，认识、了解标准及标准化活动的基本规律已成为社会各界的广泛需求。标准化水平是衡量一个国家生产力技术水平和管理水平的尺度。要坚持标准化建设与发展，为社会和公众提供更好的标准化服务，让公众更好地了解标准、认识标准、使用标准。女子高等院校思政课程标准化教学建设研究的理论价值在于把质量管理学科和思想政治教育学科有机地结合起来，把质量管理中的理念应用于思想政治教育过程，加强女子高等院校思政课程标准化教学建设，从而有效地提升思政课程教学质量、女大学生思政教育工作质量以及女大学生思政理论研究质量。

第九章

女子大学思政课程满意度测量方法及应用研究

提升现代女性教育质量和水平，需要采取现代教学手段和科学质量评价方法。女子高等院校思想政治理论课承担着对女大学生进行系统的马克思主义理论教育的任务，是社会主义高等教育本质特征的体现，是对女学生进行思想政治教育的主渠道、主阵地。其教学具有针对性、吸引力和感染力，不仅要求教学的内容要具有科学性和实用性，还必须借助于有效的方法和手段，只有教学内容和教学方法得到学生的普遍接受、认可和认同，教学的效果才能真正显现出来。女子高等院校思想政治理论课程在实际教学工作中，通过引入 ISO 发布的质量管理体系标准，坚持教学质量过程控制原则，有效地提升了教学质量。在女子高等院校思想政治理论课程教学质量评估中，如何准确地进行女大学生思政课程满意度调查、测量和分析，需要广大的教育工作者不断研究和探讨。通过对顾客满意率和顾客满意度概念内涵进行比对分析，阐明两者之间的实质区别，结合女子高等院校思想政治理论课实际教学，对课程满意度测量内容、测量方式、计算方法、实际应用以及提高评价有效性的方法与途径等问题进行了专题研究与探讨。

一、概　述

高校是传播科学、培养人才、创新理论、塑造精神的重要阵地；高校思想政治教育是党联系青年学生、知识分子、专家学者的重要桥梁；高校思想政治教育作用的发挥直接影响着高校办学目标的顺利实现。一个社会是否和谐，一个国家能否实现长治久安，在很大程度上取决于全体社会成员的思想道德素质。没有共同的理想信念，没有良好的道德规范，是无法实现社会和谐的。社会成员的思想道德教育需要各级教育工作者来承担。当前，我国正处在全面建成小康社会的关键时期，世情、国情、党情都发生深刻变化，各种社会矛盾问题相互交织、错综复杂，不和谐、不稳定因素在一些领域依然存在，高校思想政治教育的任务更加艰巨。高校思想政治理论课是开展大学生思想政治教育的主课堂和主渠道，教育部对此高度重视，在培养大学生全面发展的教育任务中起着方向引领作用。教学评估作为课程建设的一种重要手段，能对思想政治理论课起到“以评促改、以评促建、以评促管”之功效。如何促进高校思想政治理论课程的改进与建设，科学、准确地进行高校思想政治理论课满意度测量，搞好教学评估工作，在一定时期内仍然是教育工作者所关注和不断研究探讨的问题。新中国成立后，我国高校普遍开设了马克思主义的思想政治理论课，并对高校思想政治理论课开展了教学测评工作。由于缺乏相对稳定的教学目标、缺乏相应学科的支撑，测评的随意性比较大。改革开放以后，高校思想政治理论课教学评估理论得到了很大发展，思想政治理论课测评目的、目标更为科学；测评范围进一步扩大；测评方法更加科学、多样。目前，在开展高校思想政治理论课教学测评工作中，思政课教师是课程的直接授课主体，他们对课程的教学情况最为熟悉，没有他们的参与，测评的实效性就难以保证。大学生是思政课教学的直接接受者，他们对思政课教学效果、满意度最有发言权。思政课教师及其学生应积极参加学校的教学测评工作，确保教学测评工作的真实性和有效性。本课题组长期从事女子高等院校思想政治理论课教学，通过研究教学方法与教学模式，探讨思想政治理论课教学评估方法，结合女子高等院校思想政治理论课实际教学经验，不断改进教学评估过程及内容，提出适合女子高等院校思想政治理论课的教学评估满意度测量方法，并应用于具体教学中，保证了教学测评工作的科学性和公正性。

二、满意率与满意度概念的内涵及区别

20世纪末，随着西方服务营销理念的引入，国内企业界、理论界也掀起了服务测评的热潮。目前，国内许多企业已经将服务测评工作纳入企业经营管理的例行工作中。然而，在服务测评实施中，许多企业及媒体对于测评概念与方法还存在许多混淆误区，尤其对一些相近名词概念认识不清。目前，在进行顾客满意测量时，“满意率”与“满意度”这两个概念是混用、误用频率最多的。一些企业、媒体公布的顾客满意测评结果中，会出现“该企业今年的服务满意度达到了90％”的描述，查其顾客满意测评结果资料发现，这是典型的概念混淆，90％实为满意率。

教学质量管理体系是女子高等院校有效运转的基础。只要严格依据该体系运作，女子高等院校的教学工作质量才有保障。女子高等院校教学工作质量水平的提高，不仅依赖于教学质量管理的程序化、规范化运作，也依赖于教学管理的思想与理念。一个不遵循管理规律的高校是很难有显著发展的。提高办学质量是高等教育的生命线，是国家中长期教育改革和发展规划纲要确定的重要方针。以顾客为关注焦点是质量管理的核心思想。女子高等院校必须时刻关注学生的动向、潜在需求和期望，以及对现有教学的满意程度，为学生提供增值服务，提升女子高等院校办学水平和声誉。

（一）两个概念的实质含义

顾客满意是指顾客对其要求已被满足的程度的感受，包括顾客对其明示的、通常隐含的或必须履行的需求或期望已被满足的程度的感受。[①] 顾客满意是顾客自己对满足其要求程度的一种亲身感受，这种感受不能用其他人员或组

---

① 参见全国质量管理和质量保证标准化技术委员会：《质量管理体系国家标准理解与实施》，中国标准出版社2009年版，第82页。

织的推测、假定、估计来代替，因此组织要设法调查和获取来自顾客的反馈信息，并根据这些信息分析的结果，得出顾客的满意程度。

确保顾客满意包括从识别顾客需求和期望，到向顾客提供产品或服务后测量顾客满意程度并采取改进措施为止的全部活动。顾客满意测量，关键在于如何全面、真实地获得来自顾客亲身感受的信息，以及如何正确地利用信息得出顾客满意的结果。顾客满意常用顾客满意率和顾客满意度表达。

1. 顾客满意率

顾客满意率，是指在一定数量的目标顾客中表示满意的顾客所占的百分比，是用来测评顾客满意广度的一种方法。[①] 以物管行业为例，满意率是指测评达到基本满意的业主数量与总体业主的比值，其单位是百分比。

2. 顾客满意度

顾客满意度，是通过评价分值的加权计算，得到测量满意程度（深度）的一种指数概念，满意度的计算方法更能客观反映人们的满意程度。目前国际上通行的测评标准即为 CSI（用户满意度指数）。

顾客抱怨是一种最常用的表示满意程度低的表达方式，但没有抱怨并不代表顾客很满意。在计算顾客满意度时，不能将没有表态的顾客认为是满意的顾客，否则将是错误的计算方法。

顾客满意度测量可以评价管理体系的业绩，为组织质量管理体系改进提供科学依据。因此，制定科学的顾客满意度测量方法是客观、公正、全面调查顾客满意度的基本条件。

顾客满意度是一个变动的目标，能够使一个顾客满意的东西，未必会使另外一个顾客满意；能使得顾客在一种情况下满意的东西，在另一种情况下未必能使其满意。只有对不同的顾客群体的满意度因素非常了解，才有可能实现100％的顾客满意。

保持顾客的长期满意度有助于客户关系的建立，并最终提高组织的长期赢利能力，取得最高程度的顾客满意度是营销的最终目标。

---

① 参见中华人民共和国国家质量监督检验检疫总局：《GB/T19001—2008〈质量管理体系—要求〉》，中国标准出版社 2009 年版，第 8 页。

（二）两者之间的区别

满意率和满意度是表明测评主体的两个层面，二者的区别在于：满意率指的是回答满意的人数占整个被调查者总体的比重；而满意度指的是所有回答者的满意程度。所以说，满意度比满意率更能如实地反映被访者的满意程度。

如果把顾客的服务评价形象地比作一潭湖水，则满意率代表着湖面的广度面积，而满意度则代表着湖水的深度。随着服务行业服务意识的总体提升，用户的满意率一般都会保持在一个相当理想的水平上。宽广的湖面是否利于航行，主要取决于湖水的深度。只有用户对组织的满意程度足够深厚，组织才有可能在用户的配合支持下扬帆远行。

谁取得顾客信任，谁得到顾客满意，谁就有更多的发展机会。可见，顾客满意度比顾客满意率更加科学实用，更有利于组织识别及评价自身的服务状况。

三、满意度测量方法

教学评价是使教学活动达到预期目标的重要导向和措施。目前，各高校教学测评多数采取的是满意度调查，而不是满意率调查。学生满意度比学生满意率更能如实地反映被访学生的满意程度，满意度测量方法如下：

（一）测量内容

通常，顾客满意度调查的信息内容主要有产品质量、技术要求、服务态度、服务项目、顾客需求、产品价格、交付情况等。

大学生满意度调查的信息内容主要有教学态度、教学方法、教学内容、教学能力、教学效果等。

（二）测量方式

顾客满意度测量常用的调查方法主要有问卷调查、访问用户、电话测评、召开顾客代表座谈会、顾客投诉、委托中介组织进行顾客满意度调查、新闻媒体报道、小组座谈以及神秘顾客法等。每种方法都有所侧重，获取的效果也有所不同。因此,采用某种单一方法进行满意度测量,很难获得全面、准确的满意度数值。所以,应根据产品特征、客户结构以及消费情况,选取不同的组合方式进行满意度调查和测量,使顾客满意度能更全面、真实、客观地反映顾客的感受。

大学生满意度调查方式有问卷调查、与学生交谈、电话沟通、网络沟通、召开学生代表座谈会等,常用的调查方式是问卷调查。要根据学生、班级、专业等具体情况,选取不同的组合方式进行满意度调查和测量。本课题组在教学科研中,因受到教学条件限制,采用的是问卷调查方式。

(三)计算方法

调查主要运用《GB/T19001—2000的统计技术指南》中规定的统计方法进行数据收集、整理工作,并使用相应的方法列表,对调查数据进行统计分析。按照国际上通行的民意调查满意度计算方法,对调查数据进行赋值加权计算后,得出满意度测评分值。① 顾客满意度调查信息的分析利用方法很多,包括统计分析,召开分析会,得出诸如故障率、投诉率、返修率、满意、较满意、不满意等结论,作为改进依据,明确处理和改进方法。

四、应用研究

女子高等院校思想政治理论课教学改革离不开先进的教学理念指导,这是教改取得成效的前提。女子高等院校思想政治理论课学生满意度是指大学生对思想政治理论课教学活动中所实施的教学方法及其结果的感知效果与他们的期望值相比较后所形成的感觉状态,是女子高等院校思想政治理论课教学方法对女大学生成长成才需求的满足程度。为搞好“思想道德修养与法律基础”课堂教学,按照课程和学校教学质量的要求完成好教学任务,课题组在山东女子学院授课的部分班级中进行了思想政治理论课学生满意度抽样调查,对调查数据进行了赋值加权计算后,得出思想政治理论课满意度测评分值,研究成果

① 参见国家标准化管理委员会:《GB/T19001—2000的统计技术指南》,中国标准出版社2006年版,第48页。

用于课堂教学评估，效果较好。通过开展学生满意度调查，有效地改进了教学工作中的薄弱环节，教学质量明显提高。课题组希望通过探索，不断完善、形成一套完整的指标体系，用来衡量高校思想政治理论课教学测评工作质量的高低。

通过此次调查测量和应用研究，可以作出如下结论：

1. 本次从教学态度、教学内容、教学方法、教学能力和教学效果共计5个方面对思想政治理论课学生满意度进行了调查研究，对调查数据进行了统计分析。经计算，参评人数为240人，学生满意度测评总分值为97.70分，说明女院大学生对本校开设的思想政治理论课比较满意。

2. 在教学态度、教学内容选择上，女院大部分大学生很满意。说明思想政治理论课教师课程准备充分、严谨，教书育人责任心强。教学内容符合教育主管部门教学大纲的要求，教学内容做到了“三个统一”，即政治性与知识性的统一；历史性与时代性的统一；理论性与实践性的统一。能够紧紧围绕学生关注的热点、难点、焦点、敏感话题、突发事件等问题确定思想政治理论课的教学重点。每学期开学时，我们都对学生进行热点与难点问题的调查，了解学生的个性特征，掌握学生的思想动态。新一代女大学生的主体意识、独立思考的意识明显增强，希望在社会生活中获得平等公正的对待，她们关心自己的能力培养、全面素质的提高和未来的发展前景，因而更加关心思想政治理论课教学对自己成长的影响。对学生的了解，使教师在教学中能努力营造民主、宽松的学习气氛，在师生之间和学生之间提供通畅的思想交流的渠道，创造能够让学生进行独立思考的教学形式，重视学生能力的培养和素质教育。

3. 传统教学方法是思想政治理论课教学中通常使用的教学方法，是教师比较认可和满意的教学形式，如理论教育法、典型教育法、批评教育法、比较教育法等。传统的教学方法在系统地传授马克思主义原理、中国特色社会主义理论体系、科学的人生观及价值观等方面具有自身特有的优势，对大学生思想政治素质和道德修养的提高有重要作用。但由于传统的教学方法过于注重对教材体系和理论的叙述，或是用高、大、全的标准要求每一个学生，教学形式呆板，“灌”得过多，不能很好地体现“以人为本”的精神，学生的主体地位得不到尊重，困扰学生的一些问题不能获得有效解决，所以学生对这些教学方法的认可度和满意度都不高,甚至有学生认为思想政治教育的目的就是为了满足社会、学校或是老师的需要。这不能不引起高校思想政治理论课教师的重视和深思。广大思想政治理论课教师应着力于传统教学方法的不断改进,使其更好地发挥作用。通过抽样调查结果分析,思想政治理论课在教学方法上还需进一步研究和规范。目前,各高校教学方法创新领域的研究存在许多不足,思维方法和实践方法相互脱节,主要表现为经验多、理论少,重复多、创新少等问题。要深化教学方法改革,形成一套行之有效的教学模式和教学方法体系,争取做到教学模式优化、明了,教学方法简单、适用,从机制上保证课程的有效开设,为思想政治理论课教学提供制度保障。

为使大学生思想政治理论课教学焕发新的生机,使大学生思想政治教育的实效性得到充分体现,思想政治理论课教学必须加强方法创新。根据当代女大学生对当前所实施的各种教学方法的认可度和满意度的不同,我们认为,对学生比较认可的、实施可行性也较高的情感教育法、实践教育法、网络教育法、心理咨询法等应该加以重视,充分发挥这些教学方法在高校思想政治理论课教学中的优势,创造条件使其在实际教学中得到有效的运用。

(1)优化课堂教学平台

课堂教学是教师对学生进行思想政治教育最根本的途径。要加强和改进女子高等院校思想政治理论课的课堂教学,建设好这个教书育人的主渠道,主要是做好三个方面的工作:一是要增强课堂教学内容的针对性与现实性。作为理论课堂教学的内容,"深刻"是其基本要求,只有理论深刻,学生才能信服。大学的理论课教学不仅要告诉学生"是什么",还要让学生明白"为什么",并使其自觉思考"怎么做",同时还要贴近现实、贴近生活、贴近学生,引导学生对社会问题的关注和理性思考。二是要加强教师队伍建设。高校思想政治理论课是一个系统工程,高素质的教师队伍是思想政治理论课的基础性保障。这既要求教师自觉加强理论的学习和把握先进科学技术,不断完善自身的知识体系,适应社会发展和学生发展带来的各种挑战,又需要高校领导重视思想政治理论课教师教学的特殊性,为其提供更好的教学、科研和社会实践环境。三是要提高学生的学习兴趣与效率。既要使学生愿意学和学得好,让学生真正认识到思想政治理论课在其成长成才过程中的重要性,又要在方法上注意"保鲜",将"我讲你听”的单线课堂转变为“你发言我引导”的多维度教学。

(2)拓展社会实践平台

社会实践可以让学生在亲身体验和亲自动手的过程中获得正确的认识、情感的体验和行为的养成。但目前由于受多种因素的影响，高校思想政治理论课多重视理论知识的传授而忽视社会实践的参与，以致理论与实践严重脱节，也造成了部分学生的言行相分离。高校思想政治理论课在教学方法创新上必须充分利用社会实践平台，促进学生理论知识和实践能力的全面发展。一是要加强学生的学术实践，有计划地组织学生参与各种思想政治教育学术实践活动，培养和锻炼学生认识社会、解决实际问题的综合素质。二是要加强学生的课外社会实践，组织学生参与内容多样、形式丰富的实践活动，增强学生的实践能力、社会责任感和奉献精神。三是要加强学生的家庭实践，号召学生利用假期时间帮父母做家务，增强学生的感恩意识及适应实际生活的能力。

(3)利用校园网络平台

信息时代的到来为高校思想政治理论课教学提供了极大的便利，同时也带来了前所未有的挑战。在高校思想政治理论课教学方法创新中，必须充分利用好网络平台，使学生在感受不到任何压力的前提下，接受老师所施与的思想观念、政治观点、道德素养等方面的影响。一是引网络进班级，引导学生建立具有班级特色的网页，并成立班级网络学习小组，让学生在其中共享学习资源，共建自由交流空间。二是引网络进教学，充分利用网络优势，创建网络第二课堂，充实教学内容及其吸引力，引导学生的思想发展。三是引网络进管理，及时发现学生面临的生活、学习、心理以及思想上的困惑，及时进行有针对性的回应和解答。

(4)搭建心理咨询平台

受当前社会经济和就业形势等各种因素的影响，学生中出现了浮躁、焦虑、自卑、信仰迷失、心理压力过大等心理上的症结，严重地影响到学生的自信心和学习动力。心理咨询以其“心连心”的方式对学生进行帮助、启发和引导，在潜移默化中达到对学生进行思想政治教育的目的。一是可以利用教学平台进行个别咨询，帮助有需要的学生培养自我认知和自我调适的能力，树立克服心理问题的决心和信心，逐步缓解和消除心理的症结。二是可以利用课堂活动进行团体咨询，引导学生对普遍关心的问题，如学习、恋爱、就业、人际交往等进行交流，使“双向交流”演变为“多向影响”，培养学生助人自助的自我调适能力。三是综合运用多种心理咨询方法，针对不同的问题采取不同的咨询方式，以把握不同类型学生的心理特点，及早发现、预防和控制学生心理问题的发生，提高学生的心理素质。

4. 在教学模式上还需进一步创新。创新是我们做好一切工作的不竭动力。创新教育是素质教育的重要组成部分，是一种全新的教育思想、教育理念，是培养学生创新能力、增强学生创新精神的教育，其结果就是对创新人才的缔造。学习思想政治理论课课程，不仅有概念、判断和推理过程以及从感性到理性的抽象思维过程，也有通过形象感受和实践体验而产生直觉、顿悟和创造灵感的形象思维过程。思想政治理论课的教育教学，能够把抽象思维和形象思维有机结合起来，激发学生的创造性思维，造就创造性人才。可见，对于创新人才培养工作而言，思想政治理论课具有特殊的地位和作用。目前，我们的教育培养出的创新少年、创新人才是少而又少，创新教学模式，从而培养出更多的创新人才是现实需要。为此，一是要做好“一个”转变，即“以教师为主体、以学生为客体”的教学传递向“以学生为主体、以教师为主导”的教学互动模式转变。二是要做好“三多”，即多给学生一些参与教学时间，注重发挥学生的主观能动性；多给学生一些思维空间，注重培养学生的创新性；多给学生一些表现机会，注重提升学生的综合素质。

5. 提升高校教师素质，确保教学能力的提高。教师是教育事业的第一资源。高校思想政治理论课教师是学生思想政治教育的组织者和实施者，肩负着陶冶崇高情操，塑造美好心灵，锤炼高尚品质，健全健康人格，传授科学知识的历史使命。要完成这一重要使命，就要求高校思想政治理论课教师必须具备较高而全面的素质。高素质的教师需要终身学习。重视学习，善于学习，不断提升高校教师工作能力是时代发展、教育事业发展的迫切需要。恩格斯曾经说过：“一个民族要想站在科学的最高峰，就一刻也不能没有理论思维。”[①]提高高校教师理论素质和科学知识素质，培养和造就大批德才兼备、开拓创新的优秀

---

① 《马克思恩格斯选集》第3卷，人民出版社2012年版，第875页。

教师人才，已经成为刻不容缓的紧迫任务。要想给学生一杯水，自己必须先有一桶水，这就要求教师具备广博的知识、深厚的专业功底和对教育教学的深入研究。目前，高校培养不出拔尖人才主要是因缺乏具有教学能力的人员所致。教学的能力通常包括三种：一是能够实施教学；二是熟悉与教学有关的专业技术；三是具有广泛的知识、技能和经验。这三种能力支撑着教师的整体能力，为其教学工作奠定基础。目前一些高校普遍采取的办法是从社会上聘任兼职学术带头人，在学术带头人支持下所实施的教学过程是教学人员拓展其教学能力的一个普遍做法。在教学人员团队建设上，各高校应注重团队的专业化发展。在教学人员引进与培育发展上，可将专业素质作为评价教学人员个人素养的一个重要指标，以此督促其不断充实，不断提高职业素养，最终确保教学工作的有效性，从而提升整体教学质量。①

6. 进一步提升教学效果。山东女子学院多年来以教学改革为推动力，以质量工程建设为抓手，突出女性人才培养特色，不断促进学校的内涵建设。通过采取一系列有针对性的措施，教学质量得到明显提高，并收到了良好的教学效果。目前，学校建有省级特色专业 8 个，国家级精品课程 1 门，省级精品课程 14 门，省级实验教学示范中心 1 个，省级人才培养模式创新实验区 1 个。承担教育部重点教改项目 1 个，省级教学改革项目 9 个，荣获省级教学成果奖 5 项。有省级教学名师 2 人，省级优秀教师 6 人。建有省级教学团队 2 个。经过几年的努力，山东女子学院社会声誉和知名度明显提升，社会影响日益扩大。② 女子高等院校思想政治理论课满意度调查测量方法示例详见表 9-1。

---

① 参见叶友华：《基于 PDCA 模式提升高校思政课程教学质量研究》，《吉林省经济管理干部学院学报》2012 年第 3 期。

② 参见叶友华：《高校思政课程满意度测量方法及应用研究》，《吉林省经济管理干部学院学报》2013 年第 1 期。

表 9-1　　山东女子学院思想政治理论课学生满意度调查一览表

<table>
<tr><td colspan="2">课程名称</td><td colspan="2">思想道德修养与法律基础</td><td>学 期</td><td colspan="3">2010～2011 学年第一学期</td><td>年 级</td><td colspan="2">2010</td></tr>
<tr><td colspan="2">授课教师</td><td colspan="2">李 四</td><td>性 别</td><td colspan="3">女</td><td>职 称</td><td colspan="2">教授</td></tr>
<tr><td colspan="2">院 系</td><td colspan="2">教育学院</td><td>专 业</td><td colspan="3">学前教育(本)</td><td>班 级</td><td colspan="2">学前教育 10 本 A 组</td></tr>
<tr><td rowspan="2">评选项目</td><td rowspan="2">分值</td><td colspan="2" rowspan="2">测评内容</td><td rowspan="2">程度 Xi
比重 Ki</td><td>很满意</td><td>满意</td><td>一般</td><td>不满意</td><td>很不满意</td><td rowspan="2">项目计分</td></tr>
<tr><td>100</td><td>80</td><td>60</td><td>30</td><td>0</td></tr>
<tr><td rowspan="3">教学态度</td><td rowspan="3">10 分</td><td>1</td><td>师容端正、精神饱满</td><td>0.02</td><td>100</td><td></td><td></td><td></td><td></td><td>2.00</td></tr>
<tr><td>2</td><td>教书育人、责任心强</td><td>0.03</td><td>100</td><td></td><td></td><td></td><td></td><td>3.00</td></tr>
<tr><td>3</td><td>讲稿及课程准备充分、严谨</td><td>0.05</td><td>100</td><td></td><td></td><td></td><td></td><td>5.00</td></tr>
<tr><td rowspan="3">教学内容</td><td rowspan="3">30 分</td><td>1</td><td>讲授内容正确，分量适中，理论联系实际</td><td>0.10</td><td>100</td><td></td><td></td><td></td><td></td><td>10.0</td></tr>
<tr><td>2</td><td>教学重点、难点把握准确，处理得当，学生易于理解</td><td>0.10</td><td>100</td><td></td><td></td><td></td><td></td><td>10.0</td></tr>
<tr><td>3</td><td>基础知识到位，突出能力培养，合理安排实验内容</td><td>0.10</td><td>100</td><td></td><td></td><td></td><td></td><td>10.0</td></tr>
<tr><td rowspan="3">教学方法</td><td rowspan="3">30 分</td><td>1</td><td>选择合适的教学方法，体现启发式教学原则</td><td>0.10</td><td>100</td><td></td><td></td><td></td><td></td><td>10.0</td></tr>
<tr><td>2</td><td>发挥师生双方的主动性和创造性，双边配合默契</td><td>0.10</td><td></td><td>80</td><td></td><td></td><td></td><td>8.00</td></tr>
<tr><td>3</td><td>恰当运用现代化教学手段，加强教学的直观性</td><td>0.10</td><td>100</td><td></td><td></td><td></td><td></td><td>10.0</td></tr>
<tr><td rowspan="5">教学能力</td><td rowspan="5">20 分</td><td>1</td><td>教态自然，举止大方，尊重学生，师生关系融洽</td><td>0.01</td><td></td><td>80</td><td></td><td></td><td></td><td>0.80</td></tr>
<tr><td>2</td><td>使用普通话</td><td>0.05</td><td>100</td><td></td><td></td><td></td><td></td><td>5.00</td></tr>
<tr><td>3</td><td>教学语言规范，教学内容表述准确生动、有感染力</td><td>0.05</td><td>100</td><td></td><td></td><td></td><td></td><td>5.00</td></tr>
<tr><td>4</td><td>板书工整、规范、美观、合理，教学课件生动、丰富，具有创新性</td><td>0.05</td><td>100</td><td></td><td></td><td></td><td></td><td>5.00</td></tr>
<tr><td>5</td><td>教学组织及应变能力强</td><td>0.04</td><td>100</td><td></td><td></td><td></td><td></td><td>4.00</td></tr>
</table>

续表

<table>
<tr><td colspan="2">课程名称</td><td colspan="2">思想道德修养与法律基础</td><td>学 期</td><td colspan="2">2010～2011 学年第一学期</td><td colspan="2">年 级</td><td colspan="2">2010</td></tr>
<tr><td colspan="2">授课教师</td><td colspan="2">李 四</td><td>性 别</td><td colspan="2">女</td><td colspan="2">职 称</td><td colspan="2">教授</td></tr>
<tr><td colspan="2">院 系</td><td colspan="2">教育学院</td><td>专 业</td><td colspan="2">学前教育(本)</td><td colspan="2">班 级</td><td colspan="2">学前教育10 本 A 组</td></tr>
<tr><td rowspan="2">评选项目</td><td rowspan="2">分值</td><td colspan="2" rowspan="2">测评内容</td><td rowspan="2">程度 Xi / 比重 Ki</td><td>很满意</td><td>满意</td><td>一般</td><td>不满意</td><td>很不满意</td><td rowspan="2">项目计分</td></tr>
<tr><td>100</td><td>80</td><td>60</td><td>30</td><td>0</td></tr>
<tr><td rowspan="3">教学效果</td><td rowspan="3">10 分</td><td>1</td><td>教学成效显著,教学目标达成度高,学生收获大</td><td>0.05</td><td>100</td><td></td><td></td><td></td><td></td><td>5.00</td></tr>
<tr><td>2</td><td>学生注意力集中,思维活跃,课堂气氛良好</td><td>0.03</td><td></td><td>80</td><td></td><td></td><td></td><td>2.40</td></tr>
<tr><td>3</td><td>课堂纪律好</td><td>0.02</td><td>100</td><td></td><td></td><td></td><td></td><td>2.00</td></tr>
<tr><td colspan="4">学生对授课教师的整体评价:
☑ 很满意 □满意 □一般
□不满意 □很不满意</td><td>参评人数:20</td><td colspan="2">学生满意度总分:97.20</td><td colspan="2">质量等级:优秀</td><td colspan="2">名次:2</td></tr>
<tr><td colspan="11">学生对授课教师的要求及建议(如教学内容、教学方法、教学课件等,可另附纸):</td></tr>
</table>

编制日期:

女子高等院校思想政治理论课教学改革是一个永恒的课题。作为教学工作者,应与时俱进,不断适应新形势下高等学校思想政治理论课教学的需要,改革教学方法。思想政治理论课是学生进行思想道德教育的主渠道和主阵地,课程的评价方法也会反过来影响教学质量和教学效果。有什么样的教学评估标准,就会培养出什么样的学生。教学评估对学生创造性的培养有着非常大的促进作用。传统的思想政治理论课教学评价标准在目标上以知识为核心,着重检查知识的组织、传递和再现情况;在方法上以量化为手段,着重检查师生教学目标的达成情况,忽视师生双方达成教学目标的过程;在内容上面面俱到,着重检查师生对知识掌握的完整性、系统性和准确性。这种教学评价体系的积极作用是将整个教学工作引导到统一化、标准化和程序化的轨道上来,但其缺陷也是显而易见的。目前,思想政治教育评估存在的一个重要问题,就是缺乏结合中国经济社会发展和思想政治教育的现实研究;缺乏结合思想政治教育的特征和目的需求的研究；缺乏在思想政治教育评估中引入其他领域一些成熟的教学评估的方法的研究。

五、提高评价有效性的方法与途径研究

（一）顾客满意度评价存在的问题

近几年来，顾客满意度已成为许多组织进行社会调查的一个重要方面。随着顾客对产品和服务满足自身期望的需求日益强烈，在市场竞争压力日益增大的情况下，各类组织必须要站在顾客的角度考虑产品和服务的各项问题。虽然顾客满意度已成为许多组织的主要评价目标，并投入大量人力物力进行满意度方面的调查，然而由于对满意度指标把握得不准确和分析方法的贫乏，最后很难得到关于改进产品和服务、提高顾客满意度的有价值的结论。顾客满意度指标的确定和分析应用已成为进行顾客满意度调查的关键和难点。女子高等院校思想政治理论课以及其他相关课程关于女大学生满意度调查同样存在类似问题。

（二）评价分析应关注的目标和内容

为便于我们厘清和把握顾客满意度调查存在的问题，我们有必要先明确顾客满意度调研的目标和分类。调查的核心是确定产品和服务在多大程度上满足了顾客的欲望和需求，即女子高等院校女大学生对教育与教学服务的需求和期望。就产品和服务的调研目标来说，应该达到以下四个目标：一是确定导致顾客满意的关键绩效因素；二是评估组织的满意度指标及主要竞争者的满意度指标；三是判断轻重缓急，采取正确行动；四是控制全过程。就调查的内容来说，又可分为顾客感受调查和社会地位调查两部分。顾客感受调查只针对组织自己的顾客，主要测量顾客对产品或服务的满意程度，比较组织表现与顾客预期之间的差距，为基本措施的改善提供依据，操作较为简便。社会地位调查涉及所有产品或服务的顾客，对组织形象的考察更具有客观性，不仅问及顾客对组织的看法，还问及他们对同行业竞争对手的看法。比起顾客感受调查，社会

地位调查不仅能确定整体服务状况的排名，还能考察顾客满意的每一个因素，确定组织和竞争对手间的优劣，以采取措施提高社会知名度和美意度。在进行顾客满意度指标确定和分析应用的过程中，应始终紧扣和体现顾客满意度调查的目标和内容要求。

顾客满意度调研首先应揭示出不同顾客满意的指标在重要性上的差异、顾客满意的程度，而且应找出满意和不满意的内在原因，并能比较各个竞争对手和自身在不同指标上的优劣。通过制定顾客满意度指标，应该能保证达到这一目的。应该注意的是，这些指标的确定应该主要来自于顾客，而不是组织方面主观想象的结果。一般我们都要结合定量和定性研究方法来确定关键的满意度指标。

（三）评价分析方法的确定

1.顾客满意度调研的定性分析

通过对顾客满意度调查结果进行分析，可以确定各个顾客满意度指标的重要性，也可以有助于找出顾客满意或不满意的主要原因。通过编码和汇总分类，我们从开放型问题的回答中识别和提取重要的主题、问题、结构。在编码过程中往往会带有很强的主观性，而减少主观性的途径之一就是比较两个或者两个以上独立编码的个人所设计的代码，这样可以检验并讨论不同人想法的差异，并在最终的代码表中包含每个人的最佳意见。

内容分析方法是顾客满意度调研中重要的定性分析方法，通过统计有关顾客满意度的某个具体观点、看法或者观察其出现的次数，进行词语频率分析，可以确定顾客满意度程度。在开放性中确定初步代码或者从焦点小组中确定初步的顾客满意度指标时，词语的出现次数是很有价值的信息。

2.顾客满意度调研的定量分析

定量分析是将原始数据转化为易于理解和解释的形式，并通过各种统计技术的应用深入挖掘和分析变量间的关系。在顾客满意度的量化分析中，数据分析既包括对各顾客满意度指标百分率变化的描述性分析，也包括运用复杂的统计技术确定不同的顾客满意度指标对整体满意度的重要性，根据历史数据预测整体满意度以及比较组织与竞争对手在各顾客满意度指标上的优势和劣势。

最终在这些分析的基础上，确定组织在改进产品和服务、提高顾客满意度上应该采取的措施，并根据实际情况采用有效的数据分析方式。

通过对女子高等院校女大学生关于思想政治理论课以及其他相关课程满意度调查的结果进行分析，可以确定对学校整体满意度有最大影响的学生满意度指标。分项满意度指标和总体满意度之间的相关系数数值越大，表示两个变量之间线性相关程度越强。

顾客满意度的指标设计和数据的分析应用是进行顾客满意度研究的重点和难点，在实际运用的过程中，灵活应用因子分析、相关分析等多种统计分析方法，深入挖掘数字背后的现象和关系，紧扣满意度调研的目标和内容，才能使满意度调查结果具有更高的科学性和实用价值，才能有助于了解学生对教学质量和教学服务的真正需求，切实分析高校在教学质量和教学服务的各个环节存在的优势和缺陷，从而改进质量，扩大学校的知名度和信誉。

（四）提高评价分析有效性的措施

1.从顾客满意度指标方面去改进

顾客的满意度有两个层面：一是行为意义上的满意度，二是经济意义上的满意度。行为意义上的顾客满意度是在历次教学服务活动中逐渐积累起来的连续的状态，是一种经过长期沉淀而形成的情感诉求。它是一种不仅仅限于"满意"和"不满意"两种状态的总体感觉。经济意义上的顾客满意度可以从其重要性方面加以理解。在高校里，当教师的教学处于一般水平时，学生的反应不大；一旦其教学质量提高或降低到一定限度，学生的赞誉或抱怨将呈指数倍增加。女子高等院校应结合自身的实际，针对不同专业女大学生关注的指标有针对性地进行改善，从而提高女大学生对教育与教学服务的满意度。

2.从教学服务质量方面去提高

教学服务具有无形性、与消费同时产生和消逝的特点，教学质量的高低不仅与教师有关，还与学生的心情、偏好等有关。因此，在提高女子高等院校教学服务质量的过程中，一是要有科学的标准。参照《服务认证通用知识与技术》中的相关要求，让女子高等教育服务有家庭的感觉，使学生愉快地接受服务、享受服务。二是使无形服务有形化。通过对教学设施的改善、对教师的培训来使无形服务有形化。三是实施服务补救措施。在某方面出现问题时，应迅速查找原因实施补救，快速的补救措施不仅可以提高学生满意度，而且还提升了女子高等院校的形象。提高学生的满意度和服务质量，不仅要从传统方式上予以考虑，还应该从教学人员、教学过程等方面去改善。要衡量高等院校之间的价值差异，创造教育服务差异化，提供全方位的增值服务。

3. 从考虑忠诚度方面去提高

顾客的满意度越高，对组织的忠诚度就越高。其具体做法如下：一是建立女子高等院校学生满意度跟踪系统。二是发现学生不满意因素，及时改善。对于高等教育服务来说，发现什么是不满意因素比发现什么是满意因素更为重要。三是满意度因素分析。要对学生对哪些因素满意，对哪些因素不满意作一个统计分析。四是要不断创新，为学生提供超值服务。

4. 主动出击，准确掌握学生需求

女子高等院校的高层、中层要采取走动式的管理，直接和一线员工以及女大学生打交道，直接处理女大学生的抱怨或投诉，建立女子高等院校内部的信息体系，随时掌握来自一线的信息、女大学生的诉求和社会对女子高等院校关注的动态信息。

5. 与学生建立长久关系

学校在确定目标市场的时候，要充分利用已有学生的资料库，持续不断地和学生保持联系。在建立关系的过程中学校要保持耐心、恒心、信心，了解学生对教学质量、教学服务的满意度，提高女子大学思政课满意度评价分析的有效性。与学生建立长久关系是学校的一项战略，而不是战术。

6. 关注和分析同行状态

作为学校来说，要满足学生的需要是生存的第一条件。但是学校还要时刻关注高校间教育培养人才模式的变化，要做到教育手段领先竞争对手一步。一般高校往往会陷入自己的传统教育模式中，看不到社会的新的需求，也看不到竞争对手的长处。其实，向竞争对手学习是非常重要的。高校之间要达成共识，避免同行之间的误会，在选定竞争对手的典型经验后作实地调查。

7. 强化团队力量，满足学生需求

组织中的关系可以分为三种：内部关系、外部关系、相关关系，这样一来顾客也可以分为三种:内部顾客、外部顾客、相关顾客。组织要建立新的顾客沟通手段,要改造团队,使它适应顾客的需要,只有发挥团队优势才能有持续的竞争优势。女子高等院校各部门都应关注学生对教学质量和教学服务满意状况,收集来自不同渠道学生的反馈信息,提高评价分析的有效性。

随着社会经济的发展和经济环境的变化,顾客满意作为一种服务理念日渐深入人心,评价顾客满意与否及满意程度的问题受到社会、组织和消费者的普遍关注。目前,国内理论界对顾客满意度的研究定性描述多,定量测评少,测评方法不成体系。因此,我们有必要在理解相关含义和了解相关模型的顾客满意度评价方法的基础上,进一步研究深化理论模型,提高服务质量,确保高校学生对教育质量和教学服务的满意度,切实提高评价分析手段和能力。

总之,思想政治教育评估是一项系统的、综合的教育工作,需要与实践相结合,并要与教育环境之间相互渗透。因此,不仅要注重现代科学教育方法对于思想政治教育的影响,而且更要注重现代化的教育观念、教育理论、教育体制对于现代思想政治教育方法的影响。正确认识这一点,对有效推进思想政治教育评估有着十分重要的现实意义。ISO9000 族标准从起草、颁布到实施已有 30 余年,目前我国的一些高等院校也在尝试引入 ISO 发布的质量管理体系标准,以提高课程教学质量。高校在教学评估中,通过采用满意度测量方法,可以使课程测评数据更为翔实、准确,保证了教学测评工作的科学性和公正性。顾客满意度测量可以有效评价高校教学质量管理体系的总体业绩,为其体系改进提供科学依据,因此制定科学的测量方法是客观、公正、全面调查满意度的基本条件,而保持大学生的长期满意度有助于提升高校办学声誉,并最终提升学校的长期赢利能力。

第十章

中韩女子大学特色教育比较研究

最初创办女子院校是由于女性被排除在高等教育机构之外，没有接受高等教育的权利，不能与男性一样进入高等教育机构学习。在这种情况下，一批有识之士开创了单一性别的女子高等教育的形式，使女子也有接受高等教育的机会。随着社会的发展，大量的男子学院开始招收女生，变为合校教育机构。现在，女性可以进入任何一种类型的高等教育机构接受教育。[①] 目前，就世界范围来看，一些国家的女子院校正走向复兴。女子院校作为一类独特的高等教育机构类型，在其形成和发展过程中形成了自身的特色。女子院校为女性的发展提供教育基础和发展机会，为女性在社会生活中担任各种角色作准备，对于提高女性地位，最终使得男女两性在社会中获得完全的平等权发挥着巨大的作用。女子院校向女性学生提供了一个具有挑战性、支持性和发展性的良好学习环境，营造了一个相对清静的“免打扰”学习环境，女子院校的女生可以更加自由地吸取知识。通过高等教育，女性可以获得更多参与社会活动的机会，在社会

---

① 参见李巧针:《美国女子大学》,中国传媒大学出版社 2014 年版,第 234～235 页。

的经济和文化生活中发挥更大的作用。相比于过去，现代女性的社会地位和待遇都得到明显的提高，显性的性别歧视现象有所减少，但不能否认的是，女性在入学、就业以及社会各领域中仍然会遭遇显性或隐性的不平等待遇和性别歧视。女子院校的创办是女性争取社会权利及平等机会的开始，仍然有其存在的土壤和环境，社会上仍然有人愿意选择女子学院。有一种观点认为，男女完全平等是社会的最终理想和目标，而不是现实和客观存在。因此，任何人都无法预言女子学院会在何时全部消失，因为没有人能够预言男女何时可以获得完全的平等权。只要世界上还需要男性和女性的教育，只要世界上男女不平等的事实仍然存在，那么，就一定会存在女子学院。还有一种观点认为，现在世界上绝大多数的国家在法律和政策层面都基本实现了男女平等，女子院校的存在并非基于男女不平等的前提，而是针对女性特点，给女性提供更好的发展环境和发展空间。

一、中国女子高等院校特色教育研究

从 1844 年英国传教士在宁波建立女塾算起，中国现代女子学校已经有近 170 多年的历史。中国女子学校 100 多年的发展证明：女子学校对妇女运动发展起到了巨大的推动作用，反过来，妇女运动也促进了女子学校的发展。作为一种有目的、有计划、有组织的培养女性人才的社会机构，女子学校是教育家族中的基本成员，是中国特色教育体系的组成部分。因此，开展中国女子高等院校特色教育研究，既是促进中国妇女事业发展的需要，又是推动女性教育改革创新的要求。

（一）中国女子高等院校的教育现状

新中国成立以来，特别是改革开放以来，党和政府非常重视妇女教育事业，推动了女子高等院校的发展，形成了一个以女性为专门教育对象，多层次、多形式、多功能的女性教育体系，为推动我国妇女事业和教育事业的发展做出了重要贡献。经过改革开放三十多年的发展，女性高等教育机构取得了长足的发展。目前，我国共有各种类型的女子高等教育机构 16 所，在校生 5 万人以上。

从我国女子高等院校的性质和办学特征来看，主要有两种类型：一是独立设置女子高校。全国现有 6 所，其中独立设置的女子普通本科学院 3 所，分别是中华女子学院、湖南女子学院和山东女子学院；独立设置的女子高职学院 3 所，分别是广东女子职业技术学院、河北女子职业技术学院和华南女子职业学院。二是大学内设女子学院。全国现有 10 所，分别是南京师范大学金陵女子学院、上海师范大学女子文化学院、同济女子学院（同济大学女子学院）、大连大学女子学院、沈阳师范大学女子学院、宁波大学女子学院、湖州师范学院女子学院、杭州女子学院（浙江大学城市学院）、温州大学女子学院（瓯江学院）和西安培华学院女子学院。按照办学体制可分为公办女子学院和民办女子学院两类。为使女大学生特色教育研究的成果具有代表性、特色性和指导性，并有利于与韩国女子大学特色教育进行比较研究，“中韩女子大学特色教育比较研究”中的中国女子高等院校系指独立设置女子高校和大学内设女子学院。

1. 发展历程

从外国传教士在中国创办教会女子大学算起，我国女子高等院校已有 100 多年的历史，其发展过程大致经历了四个阶段。

（1）兴起阶段（1905～1919 年）

兴起阶段是指清朝末年到五四运动。1905 年 5 月，基督教传道士创办华北协和女子大学（1920 年并入燕京大学）。这是中国教育史上第一所独立设置的女子高校。1907 年广州夏葛女子医学院（1936 年并入孙逸仙医学院）、1908 年福州华南女子大学（1951 年停办）相继诞生。而 1951 年成立的南京金陵女子大学（1951 年停办），是中国人自己创办的第一所女子大学，也是中国教育史上第一所独立设置的具有大学水准的女子本科学校。

（2）曲折发展阶段（1919～1949 年）

曲折发展阶段是指五四运动到新中国成立。在五四运动的推动下，1920 年北京大学首开“女禁”，开启了大学男女同校的先例。其后的 30 年间，女子高校得到了发展。这些女子高校可以分为两类：第一类是教会女子大学，包括 1924 年美国基督教会创办的上海女子医学院（1942 年因抗战停办），1937 年天主教会创办的上海震旦女子文理学院。第二类是官办女子大学，包括 1919 年改制的北京女子高等师范学校（1924 年改制为“国立北京女子师范大学”，1927 年改为“国立京师大学女子第一部”），1929 年在天津成立的河北女子师范学院（抗战时并入国立西北联合大学，1945 年部分回迁天津复建河北省女子师范学院），1940 年在重庆成立的国立女子师范学院，还有 1939 年 7 月中国共产党在延安创办的中国女子大学（1941 年 9 月并入延安大学）以及在解放战争时期中国人民解放军第二野战军女子大学。

五四运动中，妇女问题引起社会进步力量的广泛重视，妇女积极投身爱国救亡运动，妇女解放运动随社会进步也得到历史性发展，中国各阶层妇女以崭新姿态出现于政治舞台。随着无产阶级革命理论的传播，妇女解放思想也得以较为广泛的传播。[①]

(3)合并停滞阶段（1949～1984 年）

合并停滞阶段是指新中国成立到改革开放初期。新中国成立时，尚存 4 所独立设置的女子本科院校，即重庆国立女子师范学院、南京金陵女子大学、上海震旦女子文理学院、福州华南女子大学。后来，为了适应新中国建设和推进男女平等的需要，1950 年 10 月，重庆国立女子师范学院与四川省教育学院合并组建西南师范学院；1951 年 4 月，福州华南女子大学与福建协和大学合并成立福州大学（后改名为“福建师范学院”）；1951 年 8 月，上海震旦女子文理学院并入震旦大学（后来分别归入复旦大学、交通大学）；1951 年 10 月，金陵女子大学和金陵大学合并为公立金陵大学（后改名为“南京师范学院”）。随后的 30 多年，独立设置的女子本科学校逐渐淡出历史舞台，从而出现了历史的断裂。[②]

(4)崭新发展阶段（1984 年至今）

崭新发展阶段是指改革开放初期至今。1984 年，全国妇联妇女干部学校升格为全国妇联管理干部学院（1987 年更名为“中国妇女管理干部学院”），这是新中国成立后第一所独立设置的女子成人高校。同年，西安培华女子大学（专科层次）诞生，这是新中国成立后第一所民办公助的女子普通高等学校（2003 年升级为本科高校并更名为“西安培华学院”，男女生兼收）。1985 年，湖南省妇联创

---

① 参见马庚存：《中国近代妇女史》，青岛出版社 1995 年版，第 276 页。

② 参见张李玺等：《中国妇女教育发展报告 No. 2——女子院校发展研究》，社会科学文献出版社 2012 年版，第 3 页。

办了湖南女子职业大学(专科层次),这是新中国成立后第一所公办的女子普通高等学校;同年,恢复创办了福建华南女子职业学院。1991年,山东省正式批准成立"中国妇女管理干部学院山东分院"(成人高等学校)。1995年,中国妇女管理干部学院及其山东分院分别更名为"中华女子学院""中华女子学院山东分院",但仍属成人高校。2002年2月,教育部批准中华女子学院转制为普通本科学校,这是新中国成立后第一所独立设置的女子普通本科学校。2010年3月,教育部批准成立湖南女子学院(在湖南女子职业大学基础上组建)、山东女子学院(中华女子学院山东分院基础上组建)。

2. 发展现状

全国现有独立设置的女子普通本科学院3所,分别是中华女子学院、湖南女子学院和山东女子学院;独立设置的女子高职学院3所,分别是广东女子职业技术学院、河北女子职业技术学院和华南女子职业学院,共计6所。虽然独立设置的女子普通高校数量不多,但是,这些院校办学条件在日益改善,办学特色在逐步显现,社会声誉在不断提高,在全国高等教育系统和妇联组织系统中发挥着难以替代的作用。

(1)专业设置

专业设置合乎定位。在学科和专业建设上,女子高等院校主动适应经济社会发展需求,充分考虑女性特点和自身条件,不追求"大"和"全"的学科专业架构,而是本着"人无我有,人有我优,人优我特"的原则,重点发展与人和人生有关的领域,如法学、社会学、教育学、心理学、管理学、文学和应用理工等学科,开设有利于女性就业和成才的专业以及其他高校没有的专业,积极引导女大学生学习传统上以男性为主导的专业,形成了有一定特色的学科专业体系,建成了一批国家级和省部级的品牌专业和特色专业。例如,中华女子学院的女性学是国内最先招生的本科专业,该校女性学、社会工作、学前教育学等本科专业是国家级特色专业建设点,在国内具有较大的影响和较高的声誉。

(2)人才培养

人才培养特色初现。在一般男女混合的普通高校,女大学生的特殊需求容易被忽视,女性的个性发展容易受到限制,而独立设置的女子高等院校十分重视性别差异,在先进的教育理念和性别平等理念指导下,依据女性身心特点和发展规律，注重“四有”精神和性别意识教育，构建无性别偏见的氛围，有利于女大学生自我全面发展。因此，女子高等院校在课程、教学、德育工作、校园文化等方面都形成了比较鲜明的特色。

在课程和教学上，女子高等院校坚持因材施教和因性别施教相结合，加强性别意识教育和女性素质教育，面向全体学生开设了女性学、女性心理学、女性礼仪、形体训练、形象设计、保健护理、女子防身术、家政学、插花与茶道、女性成才等一系列具有女性教育特色的课程，培养女大学生高尚、独立、智慧、魅力等基本素养。女子高等院校的课堂教学注重运用性别分析方法，倡导参与式、启发式教学，以强化女大学生的性别平等意识和“四有”精神。女子高等院校还把“大学文化”和“女性文化”有机融合起来，通过蕴含女子高等院校精神的校园文化及社团活动，进一步弘扬“四有”精神，强化女大学生的主体意识和性别意识，提升女大学生的综合素质和能力，凸显女子高等院校校园文化的特色和精髓。

经过长期探索，女子高等院校形成了与培养高素质女性人才相适应的特色鲜明的人才培养模式。女子高等院校的人才培养模式改革，既有效地保障了教育质量，也保持了较高的就业率。

(3)科学研究

科研服务彰显活力。女子高等院校坚持“科研强校”战略，加强科研制度建设，加大科研投入和激励力度，创新科研管理服务机制，营造了重科研、促教学的良好氛围。尤其注重利用自身优势和有利条件，整合校内外研究力量，围绕促进男女平等和妇女儿童发展等重点领域，开展多学科和跨学科研究，投身妇女立法、妇女维权等实践，传播和发展先进性别文化，取得了一批对妇女发展有重要影响的研究成果。中华女子学院、湖南女子学院和山东女子学院都是全国妇联妇女研究培训基地，在妇女性别研究、女性教育研究等领域形成了一定优势。中华女子学院等女子高等院校在妇女性别研究、妇女教育研究等领域处于国内先进水平。

(4)办学条件

办学条件不断改善。近几年来，独立设置的女子高等院校都加大了自身建设力度，办学条件得到了明显改善。特别是中华女子学院、湖南女子学院和山东女子学院，利用本科教学评估、升格评估等契机，加大投入，夯实基础，苦练内功,实现了跨越式发展。

(5)师资队伍结构

师资力量是决定办学水平的首要因素。女子高等院校要实施"人才强校"战略,以提高队伍整体素质为目标,加大培训力度,提高教师业务水平。目前,女子高等院校师资力量相对薄弱,主要表现为:一是师资总量不足。特别是随着本科专业迅速增加,办学规模进一步扩大,师生比将不再满足要求,师资力量不足问题将凸显,需要各级领导引起重视,增加投入,加大师资队伍建设力度。二是师资结构有待改善,质量有待提高。近年来,女子高等院校因发展需要,每年招聘大批青年教师,短期内博士、硕士学历教师比例迅速增加,在学历结构得到优化的同时,中级以下职称比重大大增加,导致职称结构存在明显不合理的情况。另外,新教师尚需经过一段较长时间的培养和经验积累,方可成为合格教师。因此,女子高等院校在师资队伍建设上要处理好数量与质量、引进与培养的关系,创新思路,努力提升青年教师的教学水平和内涵,提升师资队伍整体质量。

(6)教育投资

办学经费短缺是当前我国女子高等院校的普遍难题,严重地制约了女子高等院校的健康、持续发展,解决这个难题必须多措并举。一方面,政府和主管部门要巩固对女子高等院校的各种优惠或倾斜政策,加大政策扶持或经费投入的力度,给女子高等院校发展创造更好的条件和环境。另一方面,女子高等院校要强化以服务求支持、以贡献求发展的观念,在积极争取政府和主管部门大力支持的同时,想方设法开辟经费渠道,积极寻找市场和社会资源。就女子高等院校来说,要主动为政府、为地方、为社区和用人单位服务,争取承接更多的科研课题和服务项目,为学校获得更多的科研项目经费。要倡导经营的理念,利用学科和师资优势,兴办附属产业,开展继续教育和非学历培训,从而拓宽经费来源渠道。此外,可以与企业、银行、科研机构开展合作,主动吸纳社会资金,借助社会力量推动学校基本建设,改善办学条件,集中财力加快内涵建设。还可以加强对外合作,争取国外教育和科研资源,并加快女子高等院校的国际化步伐。

(7)学生就业情况

由于近年来大学实施扩招政策,毕业生数量大幅增加,但工作岗位增加有限，就业形势比较严峻，而就业中严重的性别歧视现象造成女大学生就业更难的现状。女子高等院校面对这一现实，注重特色教育与培养，积极发挥女性自身发展优势，开设特色课程，并主动寻找就业渠道，为学生举办形式多样的校园招聘会，保证了女子高等院校女大学生良好的就业态势。

(8)办学效果

社会声誉日益提高。近年来，随着办学条件的改善、师资队伍结构的优化、学科专业建设的加强、教学质量的提高、科研和服务水平的提升，独立设置的女子高等院校日益得到社会的认可，其输送的毕业生得到用人单位的好评。这些女子高等院校对考生和家长的吸引力也越来越强，在各地录取的新生质量越来越高，这反映出社会对女子高等院校的认可度是比较高的。

3. 发展成就

(1)办学规模不断扩大

21世纪以来，中华女子学院、湖南女子学院和山东女子学院这3所独立设置的女子本科院校办学规模不断扩大，实现了跨越式发展。时至今日，女子高等院校在办学规模、类型、层次等方面发生了巨大变化。学校的数量不断增多，当前共有各种各类的女子高等院校10多所。在高等教育规模扩张过程中，女子高等院校的规模也在不断扩大。女子高等院校的办学形式和办学层次也得到不断发展，已基本形成了大专、本科和研究生三个层次，普高、成高、职高三种形式，公办、民办、民办公助多种办学体制共存的女子高等院校格局。[①]

(2)人才培养不断优化

随着高等教育大众化、市场化、国际化发展和竞争的加剧，经济社会发展对大学人才培养特色和质量的要求不断提高。近年来，中华女子学院、湖南女子学院和山东女子学院这3所独立设置的女子本科院校在新的机遇与挑战面前，坚持因材施教与因性别施教相结合，依据女性性别特征和身心发展规律，根据各自办学传统和优势，努力构建一种更加有利于女性成长成才和人格发展的教育模式，构建特色人才培养模式，形成了代表各自学校发展需求的人才培养特色，人才培养质量不断提高。

---

① 参见周廷勇、张兰：《中国女子高等教育》，中国传媒大学出版社2014年版，第128页。

(3)学科专业不断加强

中华女子学院、湖南女子学院和山东女子学院十分重视加强学科专业建设,按照女性的性别特点和成才规律,以适应经济和社会发展对女性人才的需求为目标,构建了具有女性特色的学科专业结构。

(4)科研实力不断增强

中华女子学院、湖南女子学院和山东女子学院均十分重视科研在带动教学、提升学校整体实力方面的作用,学校集中力量走科研强校之路,突出女性教育特色,科研实力不断增强。

(5)办学条件不断改善

近年来,中华女子学院、湖南女子学院和山东女子学院为了提升办学层次、实现跨越发展,苦练内功,夯实基础,大力加强基本建设,办学条件不断改善。

(6)社会地位不断提高

近年来,随着办学条件的改善、师资队伍结构的优化、学科专业建设的加强、教学科研水平的提升、人才培养模式的不断优化和完善,中华女子学院、湖南女子学院和山东女子学院这三所独立设置的女子本科院校,培养出了一大批深受社会各界欢迎和好评的高素质女性人才,毕业生在工作岗位上获得了用人单位的认可。女子高等院校作为高等教育的一种特殊形式,受到社会的一致好评,许多学生和家长已经将女子高等院校的教育作为理想选择,这反映出社会对女子高等院校的认可度。例如,中华女子学院坚持"学科立校,人才兴校,科研强校,环境美校"的治校方略,培养了一大批具有女子高等院校特质的优秀人才,在发展妇女教育、宣传男女平等基本国策、引领先进性别文化等方面发挥了积极作用,成为培养优秀女性人才的重要基地,引领和传播先进性别文化的重要阵地,以及妇女国际交流与合作的重要窗口,为推动我国经济社会和妇女事业发展做出了贡献。

(二)中国女子高等院校的办学特色

中国女子高等院校从事着与女性人才培养、科学研究、社会服务、文化传承相关的实践活动,可以看作一种整体的、特殊的高等教育环境或称文化环境。中国女子高等院校高举"特色"旗帜,在培养目标、课程建设、校园文化、科学研究、社会服务等方面,形成了自己的特色。

1. 特色培养目标

注重培养高层次现代女性人才。在教育目的与培养目标上,女子高等院校基本上定位在培养高素质、高层次女性人才上,普遍重视女性综合素质教育,强调"四有"精神、实践和创新能力的培养。例如,山东女子学院提出的办学目标与办学理念是坤德女大、行知女大、优雅女大、绿色女大、幸福女大。南京师范大学金陵女子学院以培养人格独立、品德高尚、气质优雅、富有科学精神和生活情趣的现代知识女性为目标。

2. 特色教育课程

注重开发系列女性特色教育课程。女子高等院校开设了许多满足女性特殊需求、挖掘女性发展潜能、体现先进性别意识的女性特色课程或素质教育课程,不仅培养了一批"特质"女性专业人才,而且传播了先进性别文化,扩充了大学课程资源。例如,同济女子学院的课程设置尤其具有代表性。该院"女性特色班"的学生,除了每学期要从哲学与法学、文学、心理学、管理学、艺术等 5 个系列 34 门女性特色系列课程中选修 2～3 门外,每学期还要参加一个女性素质提升培训项目,接受著名女性专家及企业家的亲自指导。另外,还接受职业发展规划和就业技能培训、岗位资格培训和女性创业培训等系列课程,可获得相应岗位资格证书。山东女子学院不仅开设了女性特色教育课程,而且提出了"百年女大"的奋斗目标,主要表现形态是:多学科办学结构合理,应用型人才培养体系,女性教育与研究体系,现代大学治理体系,国际化办学体系,绿色校园体系。

3. 特色资源优势

注重整合母体大学和社会资源。女子高等院校的主要目的就是利用母体学校的学科、课程、师资、设备设施、图书资料、校园文化等资源环境优势,依托妇联的组织优势和社会实践平台,在先进的性别意识和教育理念指导下,针对女性的生理、心理等特点,搭建女子高等教育平台,推进女性性别学科建设,联手培养有专业知识、有"四有"精神和高雅气质的现代高级女性人才。因此,女子高等院校在人才培养目标设计、培养方案制订和女性教育实践时,都注重整合大学内部资源和社会资源,注意发挥高校的学科平台优势和妇联的政治动员优势，在探索因性别施教、挖掘女性潜质、培养高层次女性人才、传播和发展先进性别文化等方面迈出了可喜的步伐。

4. 特色科学研究

注重先进性别文化传播与研究。女子高等院校以先进性别和教育理念为指导，积极开展女性性别理论研究，积极传播先进性别文化，积极参加推动性别公正、公平的实践。女子高等院校既以本校的学生为直接教育对象，又使女性特色教育课程面向全校学生开放，并且努力为社会各界女性提供专题培训和讲座，在女性素质培养、女性理论研究、性别平等意识传播等方面发挥了积极作用，是传播和发展先进性别文化的一支重要力量。山东女子学院提出建设“百年女大”的奋斗目标，在科学研究上力争建成世界一流女子大学的四个中心：全国妇女教育研究中心、妇女理论研究中心、妇女干部培训中心、国际妇女教育交流中心。

（三）中国女子高等院校的德育

女子高等院校和其他高校一样开设五门思想政治理论课，分别是“马克思主义基本原理”“毛泽东思想和中国特色社会主义理论体系概论”“中国近现代史纲要”“思想道德修养与法律基础”“形势与政策”。狭义的德育课程就是“思想道德修养与法律基础”。它是高等学校思想政治理论课课程体系的重要组成部分，是帮助大学生提高思想道德素质和法律素质的重要课程。

思想道德素质和法律素质是人的基本素质，体现着人们协调各种关系、处理各种问题时所表现出的是非善恶判断能力和行为选择能力，是政治素养、道德品格和法律意识的综合体，决定着人们在日常生活中的行动目的和方向。主要包括社会主义核心价值观教育、理想信念教育、中国精神教育、人生观教育、道德观教育、法律体系与法治观念教育等。

1. 课程内容

(1)社会主义核心价值观教育

提高思想道德素质和法律素质，最根本的是要建设社会主义核心价值体系，培育和践行社会主义核心价值观。引导大学生自觉学习实践社会主义核心价值体系、践行社会主义核心价值观，是高等学校思想政治教育的重要内容，也是贯穿“思想道德修养与法律基础”课的主线。

(2)理想信念教育

理想信念是人的精神世界的核心。作为一种精神现象,理想是人们在实践中形成的、有实现可能性的、对未来社会和自身发展目标的向往与追求,是人的世界观、人生观和价值观在奋斗目标上的集中体现。理想指引人生方向,信念决定事业成败。因此,女大学生应认识到自身的历史使命,树立科学的理想信念,在实践中化理想为现实。

(3)中国精神教育

中华民族悠久辉煌的历史文化孕育了中国精神,涵养了伟大的民族精神和时代精神。中国精神作为兴国强国之魂,是实现中华民族伟大复兴不可或缺的精神支撑和精神动力。女大学生应深刻领悟以爱国主义为核心的民族精神和以改革创新为核心的时代精神。做忠诚的爱国者,做改革创新的实践者。

(4)人生观教育

人生观是人们在实践中形成的对于人生目的和意义的根本看法。大学时代是女大学生形成正确人生观的关键时期。女大学生应树立正确的人生观,科学对待人生环境,并在实践中创造有价值的人生。用科学高尚的人生观指引人生,努力在中国特色社会主义的实践中创造自己的人生价值。

(5)道德观教育

大学时期是个体道德意识形成和发展的一个重要阶段,在这个时期形成的道德观念对女大学生一生影响很大。女大学生应弘扬中华传统美德,继承和发扬中国革命道德,积极投身崇德向善的道德实践,遵守道德规范,锤炼高尚品格,加强个人道德修养,追求崇高道德境界,形成向往和追求讲道德、尊道德、守道德的生活信念,成就人生的辉煌。

(6)法律体系和法治观念教育

法治是现代文明的制度基石。法律作为一种特殊的社会规范,是在人类进入阶级社会以后出现并不断发展的。女大学生应树立法治观念,尊重法律权威,树立社会主义法治观念,依法行使自己的权利和义务,在建设中国特色社会主义法治体系过程中做出自己应有的贡献。

2. 实践教学

实践教学是德育课的重要环节。教育部在 2015 年 9 月印发的《高等学校思想政治理论课建设标准》中明确将实践教学纳入教学计划，统筹思想政治理论课各门课的实践教学、落实学分（本科 2 学分，专科 1 学分）、教学内容、指导教师和专项经费。要求实践教学覆盖全体学生，建立相对稳定的校外实践教学基地。

实践教学在开阔学生视野、提高学生能力上起到了很大的作用。实践教学包括课内实践和课外实践两个部分，课内实践包括演讲、研讨、PPT 展示、撰写调查报告等多种形式。课外实践则主要指社会实践，包括校外实践教学基地实习和调研、考察等活动。教育部出台的《普通高校思想政治理论课建设体系创新计划》明确指出："坚持理论与实际相结合，注重发挥实践环节的育人功能。""进一步规范实践教学，推动思想政治理论课实践教学与大学生社会实践活动有机结合。"可见，实践教学在不断改善思想政治理论课教学状况中发挥着重要作用。

二、韩国女子大学特色教育研究

教育理念是长期积淀的教育教学经验的理性概括，它自始至终贯穿在教学目的的实现过程之中。在韩国现代社会，女性教育理念也经历了一段漫长的发展过程。跟踪韩国现代女性教育观念发展的轨迹，我们不难发现，韩国女性教育理念已从追求男女教育权的平等发展到追求性别平等的层面，为整个社会男女和谐发展创造了条件。韩国女性教育的发展和普及，对整个韩国民族文化发展和经济腾飞起到了重要的作用。

（一）韩国女子大学的教育现状

早期韩国的女子教育主要以培养贤淑、温柔的女大学生为目的，但随着韩国高等教育的发展，女子教育目标变成为韩国培养时代所需要的有能力的女性人才，学校强调为女子提供等同于男性的教育，把女性培养成德智体全面发展的人才；培养具有较高学术知识和文化修养、富于创造性和自主能力、积极进取和具有时代精神的现代女性，进而培养对国家、民族和世界发展做出贡献、有领导才能的优秀女性。截止到2012年，韩国现有女子大学14所，全部为私立学校，其中综合型大学与专科大学的比例为1∶1，70%的女子学校分布在首尔市。其中，梨花女子大学已有120多年的发展历史，是韩国建校最早、规模最大的私立综合型女子大学。韩国女子大学在上百年的发展历程中，已经形成了完善的办学理念与大学文化，并一直保持着旺盛的生命力。

1. 概述

韩国的教育主要包括学校教育和社会教育两方面内容。其中，学校教育是指通过专门的教育机构对受教育者所进行的一种有目的、有计划、有组织、有系统地传授知识、技能，培养思想品德，发展智力和体力的教育活动。在现代社会中，由于教育的普及，学校已经成为承担社会化职能的专门机构和重要基地。可见，学校教育在男女社会性别的形成过程中起着十分重要的作用。

社会教育是指学校和家庭以外的社会文化机构以及有关的社会团体或组织对社会成员进行的教育。它面向整个社会，以提高整个社会的文化水平为目标。

朝鲜半岛自1910年沦为日本殖民地后不能使用自己的民族语言，因此，到1945年朝鲜半岛光复前，绝大多数韩国人并不会使用自己的民族语言。韩国在1948年建国时，全体国民的文盲率高达78.2%，这在全世界是罕见的。为此，韩国建国后的首要文教课题便是尽快普及民族语言，早日摆脱绝大多数国民仍是文盲这一极端落后的局面。这一时期，韩国出现较多的女性教育机构主要是由女性团体创办的。

20世纪70年代，随着韩国新乡村教育运动的兴起，社会教育被看作是适应社会变革的手段而受到广泛欢迎，各种职业技术教育培训机构、厂办专门学校等纷纷出现，为有不同需要的社会女性提供了继续学习的机会。此外，为了提高女性意识、增进女性权益，韩国还通过大学附设的社会教育机构和言论机构附设的文化中心以及其他各种女性教育机构，开展了各种极具创见性的女性文化教育活动。

20世纪80年代以后，随着韩国政府不断出台新的与女性教育相关的政策法规，女性教育得到迅速发展。到2001年，韩国女性社会教育机构已经有2743

个，其中大学附设的终身教育院有 247 个，参与各类社会教育的女性人数也不断增加。韩国在教育方面已基本形成了一个“不管谁、不管什么时候、不管在哪里、不管想以什么方式学，只要你想学，你总可以学，总能学得好”的“学习社会”。

2. 教育机关类别构成

韩国的高等教育机关包括大学、产业大学、专科大学、教育大学、广播通讯大学、技术大学及各种其他学校。韩国的大学根据其设立主体的不同，分为国家设立经营的国立大学，地方自治团体设立经营的公立大学，以及学校法人设立经营的私立大学。依照韩国的教育法及有关法令，国立大学和私立大学均由教育部管辖，实行国家统一资格考试及毕业生定格制度。教育部负责控制大学生人数，负责审核教授资格、课程设置、学位授予等事务。关于大学的招生工作，政府规定最低限度基本准绳，各大学自主地决定并执行学校生活记录档案、大学修学能力考试、论述考试、资格证等各项制度，从而大幅度地提高了大学的招生自主权。

截至 2010 年 4 月 1 日，韩国共有 411 所大学，其中包括实行专科教育的“专门大学”145 所，本科大学 179 所、研究生院 40 所、远程大学 20 所、产业大学 11 所、教育大学 10 所、其他 6 所。大学教育的目的是教授并研究国家及人类社会发展所必需的深奥理论及其应用方法，培养学生的领导才能，授课年限是 4～6 年。

韩国的大学主要设有文学、法学、神学、政治学、经济学、经营学、行政学、教育学、图书馆学、理学、工学、牙医学、韩医学、药学、护理学、农学、兽医学、水产学、美术学、音乐学等 30 多个专业的学位课程。大学的毕业学分一般为 140 学分。

专科大学设有人文社会系列、自然科学系列、工学系列、艺术体育系列、保健系列等专业领域，授课年限为 2～3 年，毕业学分为 80 学分(2 年制)或 120 学分(3 年制)。专科大学向修完校规上规定课程的学生颁发专门学士学位。专科大学毕业生可以插班到大学、产业大学或广播通讯大学继续学业。

设立研究生院的目的在于追求更加深奥的大学教育，培养学生学术研究能力及独创性。研究生院分为以学术研究为主的一般研究生院和以实务为中心的专门研究生院。硕士课程的授课年限为 2 年以上，一般要求取得 24 学分。想要获得硕士学位的人必须取得规定的学分，在通过一定的考试之后，提交学位论文，并要通过 3 人以上评审委员的评审。博士课程的授课年限为 3 年以上，一般要求取得 36 学分。想要获得博士学位的人需要取得规定的学分，在通过综合考试之后，提交学位论文，并要通过 5 人以上评审委员的评审。博士后课程是在取得博士学位以后继续从事研究的课程。目前，多数韩国大学为了实施“BK21 项目”①，招聘博士后研究员进行项目研究。

3. 教育资源的地区分布

韩国教育资源过分集中，地方高等教育资源匮乏。以韩国高校数量为例，2008 年 405 所高等教育机构中，首尔地区就有 77 所；作为第二大城市的釜山仅有 23 所；其他地区的高校数量甚至连首尔地区的 1/3 都达不到，最少的是蔚山地区，仅有 3 所。在 1018 所研究生院中，首尔占据了 326 所，排在第二位的京畿道有 152 所，釜山地区 67 所。再以韩国高校教师数量为例，2008 年教师总数为 73072 人，首尔地区为 17756 人；京畿道排在第二位，共 10536 人；第三位的釜山地区则为 6113 人，仅为首尔地区的 34.4%。② 不难看出，首尔地区集中了韩国绝大多数优秀的高等教育资源。

4. 受教育人数和水平

1948 年以后，在男女平等教育理念的影响下，韩国女性教育得到迅速发展，韩国社会受教育人数以及国民受教育的平均年数都显现出了持续增长的趋势。不仅如此，男女受教育平均年数的差异大幅度缩小：20 世纪 60 年代，韩国女性平均受教育年数为 2.92 年，而男性平均受教育年数为 4.78 年；2000 年，女性平均受教育年数达到了 9.8 年，男性平均受教育年数达到 10.2 年。与男性相比，女性受教育年数增长幅度更为明显，两者的差异也从 1985 年的 2.08 年到了 1990 年的 1.97 年，再到 1995 年的 1.81 年，直到 2000 年的 0.4 年，两者的差距在不断地缩小。③

---

① 指韩国实施的创建世界一流大学的发展计划。参见文春英、金恩净：《韩国女子大学》，中国传媒大学出版社 2014 年版，第 89 页。

② 参见武鹏、魏强：《韩国高等教育发展的现状与问题》，《北京青年政治学院学报》2010 年第 2 期。

③ 参加张妍：《现代韩国女性的社会地位》，《东北亚论坛》2001 年第 4 期。

韩国的大学在20世纪90年代以来得到快速成长，尤其是韩国大学数量呈现直线上升的趋势。韩国大学在数量上快速增长的同时，入学率也直线上升。

综合来看，1980～2008年，韩国大学学生数量几乎增加了3倍，专科大学的学生数量在2000～2005年呈现减少趋势，大学总体数量的增加趋势也逐渐迟缓，这与人口数量减少而导致的学龄人口减少有直接关系。[①]

随着韩国高等教育的繁荣发展，接受高等教育的女性的比例不断升高，但是接受低层次的高等教育的女性增幅明显大于接受高层次的高等教育的女性。据统计，韩国四年制大学招收的女生由1975年的55439人增加到1995年的378418人，增加了5.83倍；而专科大学招收的女生由1975年的2352人增加到1995年的214310人，增加了90.12倍。[②] 以1995年为例，女性在四年制大学中所占的比例为32%，而在专科大学中所占的比例为38%。韩国高等教育女大学生占在校生总数的比例由1965年的25.2%上升到了2001年的30.5%。但是随着高等教育层次的提高，女生所占的比例明显下降。例如，1990年韩国女性占在校生总数的比例分别为专科大学36.9%，四年制大学28.5%，研究生院22.5%。这说明高等教育在规模扩张的过程中，男性获得了更多进入四年制大学学习的机会，而女性则更多地获得了进入专科大学学习的机会。之所以如此，与政府导向有很大的关系。韩国政府认为，四年制大学的学科多为男性领域的学科，而专科大学则是女性领域主导的学科学校。此外，在校的男女学生的性别差异也在逐渐扩大。尤其是普通高等院校更是如此，女性读硕士和博士的比例明显低于男性。1999年韩国《教育统计年鉴》数据显示，1980年韩国高中毕业生升入大学专科的比例女生为8.2%，男生为4.9%；而1988年韩国高中毕业生升入大学专科的比例女生为21.7%，男生为21%；1980年升入大学本科的比例女生为13.4%，男生为16.3%；1998年升入大学本科的比例女生为39.5%，男生为44.7%。2005年，普通高等院校入学率女生为59.4%，男生为64.9%；升学率女生为7.5%，男生为9.0%。普通专科院校和本科大学在校女生所占比例分别为37.1%和36.8%，女硕士、女博士（已获学位）的比例分别为

---

① 参见文春英、金恩净：《韩国女子大学》，中国传媒大学出版社2014年版，第91页。

② 参见文春英、金恩净：《韩国女子大学》，中国传媒大学出版社2014年版，第92页。

43.0%和26.6%。[①]

通过以上数据可以看出,大学专科的入学比率女生还略高于男生,但大学本科乃至研究生院的学生中,女生与男生人数的差距就逐渐拉大了。因此,在高层次教育方面,要实现男女平等还需要长时间不懈的努力。

5. 学科结构与专业设置

韩国的学科结构与专业设置坚持以社会需求为导向。高等学校的专业设置,除了某些基础研究外,都以社会和市场需求为导向。高等教育紧紧围绕着社会经济的发展设置专业、安排课程,并随着经济发展的需要及时增加或调换专业和课程,使得高等教育充满活力。学校通过社会调查和毕业生就业反馈的信息,检验学科设置的合理性并依据市场的需求及时对学科专业进行调整。韩国高校开设的专业很多,学生可以根据自己的实际需要来选择专业,入学两年后可以根据专业前途、就业前景、教师水平和自己的适应能力等调换专业或转学。

在课程设置方面,韩国大学课程分为教养课、专业课和一般选修课三种。学生需要修完140个学分方可毕业(医科、齿科除外)。专业课就是和学生所修专业有关的科目,学生必须修完专业课的学分才能毕业。教养课即为我们所说的公共选修课,从某种意义上说,也可以看作是特定形式的公共选修课。教养课占总学分的30%,分为8个类别,分别为人文伦理、社会、历史、哲学、文化、自然科学入门、艺美体和社会实践。每个学生都必须修够8个类别,即每个类别都必须修最少一门科目且总分必须达到最低限度的学分要求才能毕业,从而保证学生德智体美全面发展,广泛涉猎各个领域的文化知识,强化实现以素质教育为底蕴、培养复合型高校人才的培养目标。学校对专业课和教养课都做了规定,每个学生都必须修完专业课和教养课才能毕业,而一般选修课则可以由学生自主决定。除此之外,韩国的大学对学生什么时候选择哪个公共选修课没有特定的要求,在大学四年任何一个学期里学生都可以选择自己喜欢的选修课学习。如果所修科目不及格,可以选择重修或者重新选择其他公共选修课代替。

在韩国大学中,虽然女学生所占的比例总体上呈现上升的态势,但是,韩国

---

① 参见文春英、金恩净:《韩国女子大学》,中国传媒大学出版社2014年版,第93页。

大学生的专业选择方面表现出明显的性别差异。在女子大学，女生选择人文、师范类专业的比例明显高于理工类专业。即使是进入普通综合类大学的韩国女生，也大都选择公认的适合女生学习的人文学科或教育学科。据韩国教育人力资源部2005年的教育统计年报显示，普通本、专科高等院校在校女生在人文（专科为61.5%、本科为57.1%）、教育（专科为95.9%、本科为60.6%）、医药（专科为64.2%、本科为51.5%）等专业学习人数比例普遍高于男生；相反，在社会学（专科为45.8%、本科为36.8%）、工学（专科为11.0%、本科为12.8%）、自然科学（专科为38.3%、本科为43.4%）等专业学习的人数比例相对低于男生。具体而言，女子相对集中在教育、人文、艺术、家政等学科专业。1965～1995年，教育、艺术、人文和医药等学科，女生的比例均超过了相应年份女生在高等教育中的平均比例，其中教育和艺术两大学科中女生占相应学科的比例超过了50%。教育类女生比例之所以很高，是因为韩国专科大学开设了大量的幼儿教师培养专业，而这类专业只招女生。医药类女生比例偏高主要是由于统计口径过宽造成的。医药学科的统计数据包括了护理专业，而护理专业基本上只招女生，这在一定程度上抬高了女性学习医药学科的比例。实际上，女子学习医科、牙科、药科的比例要远远低于统计数据，医药学科仍然是男性的天下。

2005年，韩国教育开发院对韩国女性社会教育机构，即各种女性团体、女性会馆、文化中心、大学附设的社会教育机构、宗教机构等进行的问卷调查结果显示，女性参与休闲/文化型教育和教养教育的比例明显高于男性（女性为53.7%，男性为15.3%）。与此相反，男性参与专门知识和职业技术教育的比例则明显高于女性（男性为71.1%，女性为18.9%）。在大学附设终身教育院的各种教育活动中，女性参与率较高的教育内容为职业教育，其次就是趣味教育和教养教育；而女性参与率较低的教育内容为有关女性意识方面的教育。此外，这类女性社会教育机构的课程设置也表现出明显的性别偏见，韩国大学附设终身教育机构的女性教育课程按其功能进行分类，主要有文化基础教育课程、职业相关专门教育课程、大学专业相关教育课程、特殊目的教育课程、特殊教育课程、自考学位获得准备课程等，而且还开设了与女性就业和创业相关的料理、美容、教育、看护、保育、咨询等讲座。从韩国文化中心的课程设置上看，女性休闲/文化型教育和教养教育也占很大的比重。此外，东亚文化中心的社会教育课程主要有传统、教育、文学、就业、外语、美术、工艺、音乐、舞蹈、健康等。

韩国的女性社会教育机构，如男女混合大学和女子大学附设的终身教育机构、各种女性团体、文化中心和宗教机构等，无论在其课程设置上还是在其课程内容的安排上，都局限在传统的女性职业领域，仍没有超出女性传统性别角色的范围，而且多数女性社会教育机构都没有开设提高女性意识和培养女性领导能力方面的课程或讲座。而女性自身也普遍认为女人不该过于强势，家庭、尤其是对子女的抚养和教育是女人的天职。因此，她们在继续教育、培训、出差和工作地点迁移等各种机会面前，会首先衡量家庭的需要。即使是参加培训，女性也大多把目光放在传统服务业技能培训或生活情趣的教育上。

6. 师资队伍结构

师资队伍结构是否合理直接影响到教师队伍的整体工作效率。发达国家注重从职称结构、学历结构、学缘结构方面加强教师队伍的管理，注意保持教学、科研、从政人员的适当比例，以利于发挥教师队伍的整体优势。从职称结构来看，韩国高校教师分为教授、副教授、讲师和助教四个级别，助教又分为教学助教和教育助教。教学助教负责辅助教授的教学工作，由研究生院品学兼优的学生充当；而教育助教属于行政人员，专门负责各个系的学生除学习以外的其他问题。韩国高校高级职称占有相当大的比例，从而确立了教授在高校学术活动中的主导地位。从学历结构来看，留学归国的高校教师的学历结构呈现高学历化趋势，高校教师任职资格不断提高。在韩国，讲师也要求有博士学位。从学缘结构来看，为了防止知识的近亲繁殖，一般都不直接留用本校毕业生。从高校教师的社会地位看，韩国国立、公立大学的教师属于政府高级公务员，薪酬水平远远高于其他行业，这也充分体现出韩国政府对教育与教师行业的尊重与重视。

7. 教育投资

韩国政府认为，人才培养是国家发展的原动力，于是将相当部分的政府预算投资于教育发展，教育人力资源部（相当于中国的教育部）的预算在全部政府预算中的比例约20％。

韩国教育经费的筹措是多渠道的，政府主要通过征收教育税来增加教育经费，韩国《教育税法》规定教育税为 11.8%；另一主要渠道是依靠地方财政上缴经费，1981 年修订的《地方教育财政交付金法》使该项制度法律化，大大充实了教育经费的财源。韩国政府还积极鼓励企业财团捐资办学，以解决教育经费不足的问题。在韩国教育中，占重要地位的私立学校就是主要由企业直接兴办或直接投资的，国家只给私立学校一定的补助。现代、大宇、三星、韩进等著名的大企业财团都投资兴办大学，培养本企业需要的人才。教育经费筹措的另一重要途径来自学生家长。韩国提倡学生家长积极参与教育，家长在孩子身上花费的钱是相当可观的。另外，学校自筹经费也是重要的渠道。大多数高校都建有一定规模的基金会，以保证学校的正常运转和不断扩大；有些高校则直接兴办企业，一方面为学校发展提供较强的财力支持，另一方面也减轻学生的就业负担。可以说，多渠道、充分的教育经费投入为韩国迅速实现高等教育普及化，并保证其高等教育质量提供了雄厚的物质资源。

总体上看，韩国女性在继续教育或终身教育方面的投资低于男性。具体来说，参加继续教育或终身教育的人员中，培训经费由本人支付的比例女性高于男性；由单位投资的比例女性低于男性；由政府部门资助的比例女性高于男性。可见，虽然韩国政府非常重视女性继续教育或终身教育问题，但女性教育在企业及其他机构中依然被忽视。这不仅大大削弱了女性参与社会的经济能力以及保持人格独立的能力，而且加剧了两性之间文化程度的差异，使得女性的教育诉求、发展需求、成长动机愿望降低。

8. 学生就业情况

据 2005 年韩国女性统计年谱的统计数据显示，各级学校毕业生就业率的性别差异比较明显。专科院校、大学、研究生院毕业女生的就业率分别为 82.6%、62.3%、78.6%，比男生就业率 84.6%、67.7%、87.3% 分别低 2.0、5.4、8.7 个百分点。可见，随着学历层次的提高，男女学生就业率的性别差异逐渐扩大。

另外，男女大学毕业生在其行业选择上也表现出了明显的性别差异。据韩国统计厅《经济活动人口年谱》的统计数据显示，韩国女大学生毕业后在饮食、宾馆业和公共、个人、社会服务等行业的就业比例普遍高于男大学毕业生，分别高 1.9% 和 30.6%。而她们在制造业、建设业、金融、房产租赁、业务服务等行业就业的比例又明显低于男大学毕业生，分别低 10.6%、6.4%、2.2% 和 6.4%。

从就业起薪看，韩国各级学校毕业女生的就业起薪明显低于男生。据 2005 年韩国劳动部《工资结构基本统计调查报告书》的统计数据，专科院校毕业生的就业起薪男生为 130.2 万元韩元，女生的就业起薪为男生的 81.0%；本科院校毕业生中，女生就业起薪为男生的 79.1%。

(二)韩国女子大学的办学特色

随着生产力的快速发展，韩国教育制度和教育体系不断完善，社会表现出对女性专门人才和高级人才的需求，韩国的女子教育制度也相应经历了数次变革，从早期提供初级教育的女子学堂，发展到现代级别更高、综合实力更强的女子大学。

在韩国，教育机会的均等成为一个时代性的主题，追求更高等的教育成为女性维护自身利益的手段之一。学制规定了各级各类教育机构应向什么人敞开大门，在教学理念、办学方向和教育内容上如何衔接的问题。女子高等教育的开展深刻反映了这个时代的女性需求。

在开展教育的过程中，女性自身的努力和呼吁是韩国女子大学成效斐然的重要原因。韩国女性并未消极地等待受教育的机会，而是自发地要求受教育的权利。如今，韩国女子学校培养出来的优秀女性人才纷纷在社会上崭露头角，向世人展示她们丰厚的学识和融入社会的能力。当今社会对于女性人才也有独到的要求，“领导力”和“国际化”均在韩国经济发展和社会发展的议题范围之内。针对目前韩国社会女性经济、政治地位较低的状况，推动女性学生进入公共领域，参与主流社会的生产作业，培养女性学生担负社会责任，为国家和民族服务，成为大学的人才培养目标，“国际化的女性领导力”建设更是被韩国女子学校提上日程。

女性受教育者的接受能力和领悟能力也是影响学制的因素之一。一般来说，入学年龄影响学生所处的学习阶段、所学内容和修业年限。但是在涉及男女两性的教育机会上，性别成为影响女性入学资格的一个重要因素。在韩国古代社会，只有男子享有受教育的权利和机会，女性只能接受传统而非正规的女性教育,在父权制的统治下,女性被排除在社会决策之外,她们的生活局限在家庭这一狭小环境当中,并且接受所谓“相夫教子”“侍奉公婆”等家庭生活所需的知识。随着梨花女子大学的开办,学校的大门向女性敞开,女性才获得了在学校中接受教育的资格。因此,对女性来说,学制具有特殊意义,也就是教育制度体系当中是否纳入女性这个群体,是否肯为她们提供正式教育,特别是正规的大学教育。

在韩国,私立高等教育机构占比达80%以上,特别是女子高等教育均由私人开办。这些私立性质的女子大学接受韩国教育科学技术部的统一管理。因为其私立性质,韩国女子大学的主要财政来源包括学费、中央和地方政府津贴、学校基金三部分,其中学费所占比重最大。女子大学的私人化保证了在不增加国家教育资金负担的基础上女子大学办学规模的壮大,从而提升了女性的入学率,保证了女子受教育的机会,体现了韩国女性主动向社会主流靠近的强烈意愿。

从比例上来看,14所女子高等学校主要分布在韩国首都首尔市以及几个地市级的大城市当中,其中有10所女子学校分布在首尔市,所占比重为70%。在首尔市集中开办女子大学,利用了韩国首都的地缘优势,方便集中优势人力、物力资源,为女性提供最优质的知识体系。然而,地区分布的不均衡也导致女性教育出现地区化差异,以致女性教育不均衡,最终容易形成地区性的女子教育“鸿沟”。

在韩国政府的倡导下,韩国的女子大学从学校自身的定位出发,注重发展学校特色,展现出了勃勃的生机。比如,淑明女子大学注重培养女性的领导力,明确了不仅要培养出具有相关专业知识、能够胜任某项工作的女性人才,而且要培养出能够引领韩国和世界的发展,具有魄力、领导力及创新力的女性领袖人才的目标。在这一理念的引领下,淑明女子大学为韩国培养了众多涉及政界、商界、法学界、医学界等领域的女性高级人才。因此,虽然女子大学在韩国的排名在首尔大学、延世大学、高丽大学、西江大学等高校之后,但是女子大学在韩国所受到的赞誉毫不逊色于以上几所院校。

1. 特色办学宗旨

所谓办学宗旨,也就是办学目的或办学重心,可看作某个学校是基于何种目的来展开教学工作的。办学理念就是大学发展远景与方向的指导原则，大学办学的具体目标、任务、体制、机制乃至校训、校歌、校徽等是办学理念的延伸，并受办学理念的无形制约。从韩国女子高校的办学宗旨和办学理念来看，其使命主要有三个：一是培养有社会责任感、能服务社会的女性人才；二是培养学生的民族意识；三是培养美德和智慧并重的女性领导人。女子高校的三大使命是围绕"以女性为本"紧密结合在一起的。

(1)培养女性的社会责任感和社会服务意识

比如，梨花女子大学的基本精神是以基督教和真善美精神为本的女性人道化。一个多世纪以来，这种精神绵绵不断地传承了下来。梨花女子大学一向追求基督教和真善美精神结合的高尚理念，并通过教育对社会做出实质性的贡献。丰富的智慧和知识、美好的德行、高尚的情操、综合的人性教育正是梨花女子大学追求的教育理念。梨花女子大学致力于培养富有社会责任心的知识分子，把奉献社会视为最高宗旨。除此之外，德成女子大学重点培养的也是有进取心、有能力和有强烈责任心的女性。

(2)培养学生的民族意识

淑明女子大学的教育理念就是实行以贞淑、贤明为宗旨的妇女教育和确立民族正统性及主体性的民族教育。为了实现这样的妇女教育和民族教育，淑明女子大学拟培养时代所需要的有能力的妇女人才，进而培育对国家和民族以及世界发展做出贡献的完美而有领导才能的女性。淑明女子大学的宗旨为"以其教育理念为基础，培养具有创造性、自主性和奉献精神的专业人才"。首尔女子大学的宗旨是以基督精神为基础，专注培养具有知识、美德和专业技能的女性领导人。"幸福是靠知识和技术创造的"，首尔女子大学重视基础教育和品格教育，珍视天然的和平和谐，认为女性最重要的品质在于灵活、和谐以及精致，同时认为这也是领导者所应具备的核心特质。

(3)培养女性领导力

虽然韩国设立了众多女子高校，使女性的受教育程度和社会地位有了大幅度提高，但是从韩国社会现状来看，女性的社会地位和其本身所具备的文化条件并不相称。女性参加公共领域、从事经济活动、政治活动的人数虽然增加了，但是大多数从事的是简单的和无需专门技能的工作。在需要技能以及行政和监督管理工作中，女性就业人数明显少于男性。在这种条件下，女性领导力的培养上升为学校教育理念的一部分。

时下有很多韩国女子大学都提出建设女性领导力的议题。比如，梨花女子大学的教育理念之一就是培养“开放型、情感共鸣型、创新型的下一代女性领导，激励并支持学生面对各种挑战”；淑明女子大学建校以来，以唤醒女性所具备的潜在力量和培养品行兼备的女性领导者为己任；为了培养引领21世纪潮流的优秀女性领导者，在过去的50年间，首尔女子大学以基督教精神为基础，为韩国的女性教育事业做出了许多积极贡献；德成女子大学向“培养女性领导人的女子大学”看齐，认为具备进取精神的、有才能的、有责任感的女性人才是韩国的建设发展所不可或缺的。

2. 特色培养目标

(1)人才培养目标的重要性

高等女子学校除了确定学校宏观的办学定位和远景目标之外，还需确定人才培养目标。人才培养目标是指培养何种标准的人才，使之最终具备何种素质或者技能，能够承担何种社会责任等。韩国女子高校的人才培养目标是为国家培养各类的女性人才。人才培养目标分为整个学校的人才培养目标和具体专业的人才培养目标。前者是指高等女子学校根据国家教育方针、国家学科体系和自己学校的实际情况，对培养对象提出特定要求；后者是指某个专业的人才所应达到的基本业务素质，包括基础理论和专业知识、思想品德和职业道德等。人才培养目标的重要性体现在：

其一，人才培养目标是落实学校办学定位的基石。如果说学校办学定位解决的是学校的身份和职责问题，是一项宏观的、规划性质的工作，那么人才培养目标就是确定和落实具体工作。如果女子大学将“女性领导力”确定为学校定位之一，那么在人才培养上就会体现为具体的“女性领导力”的培养计划；如果女子大学将学校定位为国际化大学，那么在人才培养上也会向“国际化”人才靠拢。

其二，人才培养目标是展开教学工作的基础。女子高校的教学工作建立在人才培养目标之上，有什么样的人才培养目标，就会有何种形式的教学方式。具体的教学工作又体现在韩国女子高校的学科设置类型、特色专业体系、产学研机构和项目、学校文化建设、学校对外交流等方面。因此，教学工作就是从教学内容到教学手段、从人才培养规格到人才培养模式等各个方面，把女子高校的人才培养目标落到实处。

其三，人才培养目标是学校管理工作的中心任务。学生是整个学校的中心之所在。同样，学校的管理工作也是围绕着人才培养的目标而展开的。具体体现在学校的教学管理、人事管理、后勤管理、学生管理等方面，学校的整个管理系统都始终不能偏离人才培养的目标。

(2)人才培养目标的特点

①知识型和专业型女性人才

女子高校以女性为专门培养对象，以培养知识型人才和专业型人才为基本的人才培养目标。比如，淑明女大的人才培养目标就是"培养健全而有教养的文化人；培育透彻的职业观和专业知识兼备的专业人才；培养为国家、民族服务和能有所贡献的韩国式妇女；培育走在世界化时代前列的国际性妇女领导者"。在具体的教学育人措施上，淑明女大率先在学校引进"基于问题学习模式"(PBL)和"普及式学习模式"(UL)，使学生解决问题的能力和信息检索能力得到充分的提高。

②韩国式女性人才和道德教育

亚洲文化体系视温柔贤淑、端庄贤惠为女性完美气质的体现。韩国女子高校在培养女性人才方面，也相当重视对女性婉约气质和传统素养的塑造。即使强调培养独立性强、有实干精神的女性领导人，也不忘在教学中着重加强对女性学生传统文化和艺术修养的教育，树立女性人格中温柔贤惠的部分，使女性既具传统东方意义上的女性美和贤良持家的品性，又具有宽厚、博爱、服务社会的美德。淑明女子大学更是奉"贞淑、贤明、正大"为宗旨，培养为国家和民族服务、奉献的韩国女性。

③国际性人才

培养国际性人才体现在两个方面：一是培养适应国际社会激烈竞争的女性人才；二是培养具有国际公民素养的女性人才。为培养国际性人才，女子大学通过与世界其他著名大学教育伙伴设立交换项目来扩大学生的全球视野和经验，并通过强化与海外可靠的公共组织和公司的关系来推动学校的全球化进程。

④女性领导力培育

女子高校的主要职能和任务就是培养人才，因此，女子高校的所有工作都是围绕学生，特别是女性学生展开的，韩国女子大学人才培养目标集中体现在对女性领导力的培养上。“女性领导力建设”是现代国际社会上比较热门的一个词汇，这与女性主义的兴起和发展不无关系。20世纪70年代，性别主题进入领导力的研究领域。我们可以将女性领导力简单定义为“女性领导者实施有效领导所必须具备的能力”。韩国女子大学从女子高校本身属性和女性主义潮流的结合点出发，提出了“培育女性领导力”的人才培养目标，这既体现了女子学校的办学宗旨和办学理念，也与当下社会女性进入主流社会、参与社会决策的要求相呼应。对“女性领导力”的培养在各大女子高校的目标中均得以体现：梨花女子大学以培养独立性强、有实干精神的女性为不懈追求，培养出了韩国第一位女博士、女律师、国务总理、宪法法院法官等各领域中开创先河的时代女性。

淑明女子大学称自己为“世界第一所正式标举培养领导力旗帜的大学”。建校以来，淑明女子大学以唤醒女性所具备的潜在力量和培养品行兼备的女性领导者为己任，基于“服务型领导力”提出“淑明领导力”的口号。

其他大学如首尔女子大学和德成女子大学也紧随时代潮流，将“女性领导力建设”纳入教学规划。比如，首尔女子大学将道德教育与女性领导力教育相结合，注重培养不追求浮名、服务社会的女性人才；其培养目标是培养健全而有教养的文化人，培育透彻的职业观和专业知识兼备的专业人才，培养为国家和民族服务的韩国式妇女，培育走在世界化时代前列的国际性妇女领导者。德成女子大学则标举自己“培养实践型女性领导人，旨在培养有进取心、有能力、有强烈责任心和民主意识的女性”；其目标是培养有创造性思维的个体，她们拥有服务人类的高尚心灵，具备创造性思维和道德是非观，同时具备成为一名全球公民的资格。也就是说培养女性创造能力，建立正确价值观，帮助其获得全球公民素养。

3. 特色学科建设

韩国女子高校区别于其他高等院校最重要的特点是重视女性学学科的建设。在韩国高校的学科划分当中，女性学属于融合学科当中的二级类目，淑明女子大学和梨花女子大学均设有女性学研究所或者女性学项目。

以梨花女子大学的女性学学科为例。梨花女性学是梨花女子大学一个与女性学相关联的研究性科目。梨花女性学由韩国女性研究院、亚洲女性学中心、女性新学研究所等女性学关联研究机构所提供的内容统合而成。就性别研究机构来说,梨花女性学主要有一个女性学系、一个女性研究院和一个亚洲妇女研究中心。女性学既是梨花女大的特色学科,也是"王牌学科"。梨花女性研究院是开展妇女学研究的阵地。1982 年,该院设立了第一个妇女学硕士学位授予点。其后,在女性研究院的支持和帮助下,亚洲妇女学中心成立。在梨花女子大学,女性学系没有本科生,只有硕士生、博士生。女性研究院的研究员负责给全校学生讲授女性学理论、女性学方法论等基础性课程,但同时也会面向本科生开设各种专题讲座,讲座内容包括"女权主义研讨会""韩国文化中的社会性别""女权主义哲学""女权主义艺术批评"等,这些讲座计学分。

4. 特色专业设置

(1)发挥女性优势的专业

在韩国众多的女子高等院校中,梨花女子大学的专业设置最为全面,它几乎涵盖了所有适合女性学习的专业,充分体现出梨花女子大学作为世界著名的综合性女子高等院校的实力。代表性专业为师范学院的各专业和护理科学专业。

(2)提升女性传统修养的专业

现代韩国女子高校重视女性能力的培养,同时亦注重女性传统修养的养成,希望培育高尚传统美德和现代知识相结合的女子。韩国处于东亚文化圈,因此要求女性具有韩国传统意义上贤淑、勇敢的特点,这种女性修养的养成依赖于对传统文化知识的汲取。

1925 年,梨花女子大学在韩国高校中首次引入音乐教育,并于 1974 年建立了韩国传统音乐专业,旨在鼓励教育、提升女性对传统民族音乐的艺术领悟能力,培养韩国传统音乐世界的天才型领导人。

(3)女性领导力培育专业

20 世纪 50 年代,梨花女子大学首次开设了当时女子不容涉足的医学、法学、自然科学及新闻媒体等领域的专业课程。经过多年的发展,梨花女大开拓并发展了各专门领域的女性教育，在提高妇女的权利与社会地位方面扮演了主导的角色。

相比于其他女子大学专注培养具有相关专业知识、能够胜任某项工作的女性人才，梨花女子大学更加注重培养女性在引领韩国和世界的发展中所需要的魄力、领导力及创新力。作为韩国一流大学，梨花女大致力于培养能够活跃在各行各业的优秀女性领导人才。众多女性官员、女性企业管理人才等涉及政界、商界、法学界、医学界领域的女性高级人才有很多都出自梨花女子大学。

(4)提升性别意识的专业

从1886年建校伊始，梨花女子大学就致力于引领韩国女性教育和社会发展。现在，梨花女大开启了更新更高的篇章，这就是2007年3月新设的斯克兰顿学院。斯克兰顿学院是梨花女大独创的新概念学院，是“全球梨花2010项目”的主轴。这是一所培养21世纪全球化信息社会女性专业人才和女性领导力的学院，其宗旨是培养领导未来社会的优秀人才。梨花女大通过开办斯克兰顿学院，实行女性人才教育的差异化战略，为跻身世界一流大学的行列，进而成为世界女性教育中心打下基础。

(5)国际化特色专业

梨花女子大学面向本科生和研究生设置了以国际化教学方针为指导的学院及研究生院，比如斯克兰顿学院的国际关系学系、国际关系研究生院、外国语教育特殊研究生院和翻译研究生院。此外还针对所有本科生，以及一般研究生院、国际关系研究生院、翻译研究生院、社会福利专门研究生院、工商管理专门研究生院、医学专门研究生院和法学专门研究生院等7个专门研究生院设置了英语教学课程。

5. 特色课程设置

韩国女子大学注重特色课程设置，并不断加以改进。例如，从远程教育的特色来看，淑明女大开设了基于网络学习的远程研究生课程，而梨花女大则提供了针对女性的具有人文关怀的特殊课程。具体来说，有以下几个特色：

第一，与国际化接轨。例如，梨花女大终身教育院开设的残疾人休闲活动专业课程使用英文授课，并由国内外教授共同授课。

第二，网络教育与传统教育方式的结合。例如，酒精药物滥用咨询课程采用了“网络教育与面授相结合”的方式进行课程的讲授。

第三，理论与实践结合。在梨花女大与淑明女大开设的针对社会成人的课程中都特别强调这一点。例如，梨花女大的残疾人休闲活动专业课程中就有专门的实践课程，包括一个人的休闲活动、团体召集类休闲活动、多人数团体休闲活动。淑明女大开设的远程教育与技术专业有专门的“E-Learning 运营理论与实践”课程。婴幼儿教育专业也强调要“通过网络课程、现场实操的方式培养人才并获得专业资格证书”。

6. 其他特色项目

除了各个学校常年举办的项目外，每个学校还会不定期举办不同特色的国际交流活动。例如，梨花女子大学亚洲女性学中心从 2011 年冬季起开始举办“梨花全球赋权项目”，这个项目是为了赋权于女性，特别是在亚洲和非洲的非政府公共组织工作的女性，并且培养下一代女性领导人。在梨花女子大学的教育精神下，这个项目致力于鼓励女性参与国际事务以提升女性权力和促进性别平等，并为增加亚非女性教育机会、扩大女性影响力而做出贡献。这个项目目前由来自国内外的 15 位相关领域学者组成顾问委员会，8 位学者组成教育与研究委员会，每次举行学术会议时还将邀请更多国际学者参加。它是韩国国内大学首个支持女性非政府组织工作者的项目，到目前为止已经举行过两次国际学术会议。

（三）韩国女子大学的德育

在对女性进行小学、初中、大学等基础性教育的同时，韩国的女子高等院校还开展了特色教育、终身教育等。韩国的女子大学也同样开展了传统思想教育、女性素养教育、民族意识教育、校园精神文化教育等德育教育。

1. 传统思想教育

中韩两国一衣带水，历史交往源远流长。儒家文化早在公元 1 世纪前后就作为中国传统文化的一部分传入韩国，成为占其主导地位的思想体系。儒家思想注重“天时不如地利，地利不如人和”的群体意识和团队精神，认为人类社会靠的是社会组织的集体力量，个人的命运与集体息息相关，集体高于个人，个人应倡导“苟利国家，不求富贵；苟利社稷，则不顾其身”的集体主义原则。另外，儒家文化认为，和谐是社会发展的精髓，即所谓的“和为贵”。普遍和谐的精神包括“自然的和谐”“人与自然的和谐”“人与人的和谐”以及“自我身心内外的和谐”四个方面。这两种精神都深深影响了一代代的韩国人，直到今日，韩国女子大学依然通过各种集体性文化活动来培养女大学生的集体主义与和谐精神，强调女性必须具备传统美德和优秀品质。对美丽和品德的强调正符合传统思想对于女性的定位，美丽和品德也被认为是女性被社会认可所需要的品质。特别是培养女性所需要具备的纯洁、同情、朴素、持家、宽容等美德。努力培养学生淳朴勤劳、朴实贤淑的品格。首尔女子高等学校在创办当时，提出“女子嫁为人妇，要承担起辅佐丈夫、料理家务、养育子女的责任，并要成为维系一个家庭的中心，增进家庭的幸福”，并确立了“妇德涵养”“率先垂范”的目标，希望将女性培养成为贤妻良母。对女性的教育理念是“女子只有成为贤妻良母，才能作为国家人才培养的依靠”。女子大学指导学生树立自学、自习、自治的良好风气，强调培养独立人格的女性教育，鼓励学生参与经济、体育活动；同时还要求学生保持健康，以达到身心的全面发展，把女子培养成适应社会的女性。

2. 女性素养教育

韩国女子大学有针对性地对女性开展职业技术教育，提高女性的职业技能，给予了女性更多受教育的机会。在女性素养教育方面，梨花女子大学在韩国高校中首次引入音乐教育，并建立了韩国传统音乐专业，旨在鼓励教育，提升女性对传统民族音乐的艺术领悟能力。

3. 民族意识教育

民族精神是一个民族在长期共同生活过程中形成的民族意识、民族文化和价值观念等的集中体现，是指导和推动一个民族发展的灵魂。离开了民族精神，民族文化就失去了生命力和创造力。韩国是一个民族性浓烈且深厚的国家，韩国的孩子从小到大持续地接受爱国主义教育。韩国的民族意识教育主要体现在国民精神和爱国主义教育上，其效果直接在国民的精神风貌、民族工业的崛起和国家经济的腾飞中显示出来。韩国的国民精神和爱国主义教育注重从小事、从本土特点抓起，注重从细微处加强教育，并将国民精神和爱国主义教育要求贯穿于学校教育的全过程之中，体现在社会生活的各个方面，体现在爱国互助、勤劳进取上。韩国非常注重民族特色的东西，学校注重保持并发扬本民族高等教育的优良的传统，并投入资金，加强民族精神和民族意识教育，加强传统特色学科领域研究与建设。

4. 校园精神文化教育

校园精神文化是在整个校园文化的系统中处于核心地位的文化形态。与物质文化、制度文化、行为文化相比，精神文化是最为深层和内在的部分，可以说是学校整个精神面貌的集中体现。校园精神文化既是每个学校在发展过程中不自觉形成的结果，也是每个学校可以通过自身的努力与培育、完善和升华的具有自身特色的积极的精神文化。校园精神文化又称“隐性文化”“潜在文化”，包括校园精神、人的思想道德观念、价值观念、审美观念。这是校园文化的核心与灵魂，是校园文化建设的最高目标。韩国女子高校在长期的教育实践中，逐渐整合、提炼出为全校师生员工共同认可的一套价值观念体系。良好的精神文化环境会使工作、学习、生活于这一环境中的人明显感受到积极、健康、向上的校园文化对自己的影响、熏陶、感染和激励。宽松和谐的精神文化环境能通过各种潜移默化的教育方式，把外在的要求内化为校园文化主体的自我要求，从而实现社会化，并激发学生的求知欲望，使学生逐步树立起正确的世界观和人生观，塑造个体优良的品性。

三、异同及借鉴

中韩女子大学教育有许多共同点和相近之处，但又各具特色，值得相互借鉴。从女子大学的发展进程视角来看，中国的女子高等院校教育比较粗犷，韩国的女子大学教育比较精细。通过对中韩女子大学特色教育的比较研究，可以得出如下研究结论：

（一）相同之处

1. 中韩女子大学的办学宗旨都是以培养知识型和专业型女性人才为目标，注重培养女性的社会责任感和社会服务意识，提升性别意识，追求男女教育权的平等发展，强调为女子提供等同于男性的教育。

2. 中韩女子大学都具有丰富的教育资源，可供女性选择接受教育的高等教育机构众多，具有力量雄厚的师资队伍，女性受教育人数和水平不断提升。

3.中韩女子大学都具有鲜明的特色教育。这种特色教育集中体现在特色办学宗旨、特色培养目标、特色学科建设、特色专业设置和特色课程设置等方面。力争培养具有较高学术知识和文化修养、富于创造性和自主能力、积极进取和具有时代精神的现代女性，进而培养对国家、民族和世界发展做出贡献的优秀女性。

4.中韩女子大学都强调女性素养教育，致力于培育具有高尚传统美德和现代知识相结合的女性，力推优雅女人。每项素养教育都以发挥女性特长、锻炼女性能力为目标，涵盖了适合女性所学的各类专业，体现了女性细腻心思、创意丰富等特点的专业素质教育。

5.中韩女子大学都注重综合型人才的培养，加强女性能力的培养，提高女性的职业技能，给予了女性更多受教育的机会和就业的机会，力争把女性培养成德智体全面发展的人。

6.中韩女子大学都鼓励学生参与社会、经济、体育等活动；同时还要求学生保持健康，以达到身心的全面发展，把女子培养成适应社会的女性。

7.中韩女子大学都重视校园文化建设，并且都是从物质、行为和精神三个层面上构建女子大学校园文化，并都把校园精神文化作为校园文化的核心与灵魂，努力形成高雅、积极的校园氛围。

8.尽管中韩两国政府多年来都不断出台相应政策，改善女性在政治、经济、文化等方面的社会地位，中韩女子大学的女性毕业生在社会就业、晋升等问题上还会受到歧视，仍是社会中的弱势群体。

9.中韩女子大学都注重女性学科的建设，成立了女性研究所，都开设了女性学课程。女性学既是韩国梨花女子大学的特色学科，也是“王牌学科”；中国独立设置女子普通本科院校的女性学课程同样是这种情况。

10.中韩女子大学都开展了传统思想教育、女性素养教育、民族意识教育、校园精神文化教育等德育教育。中韩女子大学都具有人文科学、社会科学等一级学科，都开设了哲学、历史学、教育学、社会学、法学等二级学科。

（二）不同之处

1.从女子大学发展进程来看，中国的女子高等院校教育比较粗犷，韩国的女子大学教育比较精细。

2.韩国的女子大学办学历史悠久，拥有百年名校。在上百年的发展历程中，已经形成了完善的办学理念与大学文化，一直保持着旺盛的生命力。

3.韩国的女子大学具有单一性别的女子高等教育形式；中国的女子高等院校全部都是男女合校的高等教育机构，无单一性别的女子高等教育形式。

4.韩国独立设置的女子大学较多，截至2012年，共有14所，全部为私立学校；中国独立设置的女子普通本科院校较少，目前只有3所，全部为公办学校，可谓凤毛麟角。

5.中国的女子高等院校实施全方位、多专业、应用性、急需型的高等教育，适应女性的专业特色不明显。相比较而言，韩国的女子大学专业性更强，特色课程更加明显。

6.中国的女子高等院校更多是以培养知识型和专业型女性人才为目标；而韩国的女子大学不仅以培养知识型和专业型女性人才为目标，同时，还注重培育女性领导力，培养美德和智慧并重的女性领导人，并设置了诸多女性领导力培育专业。

7.韩国的女子大学开设了许多国际化特色专业，致力于培养国际性人才；中国的女子高等院校在该方面还是空白。

8.韩国的女子大学更注重特色学科发展，并投入大量教育基金，加强传统特色学科领域研究与建设，研究型大学特征明显。

9.韩国的女子大学全部为私立学校，主要由企业直接兴办或直接投资，国家只给私立学校一定的补助。教育经费筹措的另一重要途径来自学生家长。另外，学校自筹经费也是重要的渠道。多渠道、充分的教育经费投入为学校迅速实现高等教育普及化，并为保证其教育质量提供了雄厚的物质资源。

10.韩国的女子大学在本国率先倡导终身教育理念，全面推行女性终身教育，注重女性能力的培养，提高女性职业技能，并将终身教育系统化、规范化和专业化。与普通的社会教育机构不同的是，韩国女子大学中的终身教育提供的是高水平的专门教育，为那些随着知识环境的变化想进一步学习专业知识的人服务，为求知者提供优秀教育资源。

（三）借鉴之处

1. 借鉴百年梨花女子大学特色办学宗旨和教育理念，加强中国女子高等院校建设，向着建设具有中国特色、国内一流、世界知名的女子大学目标迈进。

2. 坚持开放办学，扩大国际交流与合作，开设国际化特色专业，致力于培养国际性人才。一是培养适应国际社会激烈竞争的女性人才；二是培养具有国际公民素养的女性人才；三是培养有社会责任感、能服务于国际社会的女性人才。

3. 提升中国女子高等院校的特色教育质量和水平，特色专业和特色课程优势明显、竞争力强。同时，强化特色学科构建，加强传统特色学科领域研究与建设，创建研究型大学。

4. 在培养知识型和专业型女性人才的同时，更加注重培育女性的领导力，强调培养独立性强、有实干精神的女性领导人，让更多的杰出女性人才脱颖而出。

5. 发展终身教育是一项全民事业，需要国家教育部的统一领导、管理和支持。借鉴韩国女子大学终身教育经验，设立终身教育院，形成具有自身特色的完整的终身教育体系。

参考文献

一、专　著

[1]莫文秀等:《中国妇女教育发展报告 No.1(1978～2008)——改革开放30年》,社会科学文献出版社2008年版。

[2]黄琦:《大学校长访谈录》,山东教育出版社2012年版。

[3]雷良波、陈阳凤、熊贤军:《中国女子教育史》,武汉出版社1993年版。

[4]熊贤军:《中国女子教育史》,山西教育出版社2006年版。

[5]韩贺南、张健:《女性学导论》,教育科学出版社2005年版。

[6]邓小南、王政、游鉴明:《中国妇女史读本》,北京大学出版社2011年版。

[7]马庚存:《中国近代妇女史》,青岛出版社1995年版。

[8]高惠蓉:《女权与教育:美国女子高等教育发展研究》,上海三联书店2010年版。

[9]文春英、金恩净:《韩国女子大学》,中国传媒大学出版社2014年版。

[10]刘宁元主编:《中国女性史类编》,北京师范大学出版社 1999 年版。

[11]罗国杰:《思想道德修养与法律基础》,高等教育出版社 2010 年版。

[12]张李玺等:《中国妇女教育发展报告 No.2——女子院校发展研究》,社会科学文献出版社 2012 年版。

[13]朱宪玲、张洁清、柳倩华:《女校人文素质教育的目标与实现》,华中师范大学出版社 2010 年版。

[14]罗国杰:《思想道德修养与法律基础》,高等教育出版社 2013 年版。

[15]李巧针:《美国女子大学》,中国传媒大学出版社 2014 年版。

[16]周廷勇、张兰:《中国女子高等教育》,中国传媒大学出版社 2014 年版。

[17]罗国杰:《思想道德修养与法律基础》,高等教育出版社 2015 年版。

[18]韩震:《我们的“主心骨”——大力建设社会主义核心价值体系》,人民出版社 2008 年版。

[19]韩震:《社会主义核心价值体系研究》,人民出版社 2007 年版。

[20]陈亚杰:《建设社会主义核心价值体系》,人民出版社 2007 年版。

[21]吕振明:《论社会主义核心价值体系》,山东人民出版社 2009 年版。

[22]刘德军、张辉、郭超编:《构建我们的精神家园——社会主义核心价值体系》,济南出版社 2010 年版。

[23]《马克思恩格斯选集》第 3 卷,人民出版社 1995 年版。

[24]王蕾蕾、李桂燕:《女性学》,科学出版社 2013 年版。

[25]中国认证人员与培训机构国家认可委员会:《GB/T 19001—2000 的统计技术指南》,中国计量出版社 2007 年版。

[26]国家标准化管理委员会:《GB/T 19001—2000 的统计技术指南》,中国标准出版社 2006 年版。

[27]朱影、刘捷玉、黄雅倩:《西方女性研究》,中国人民大学出版社 2011 年版。

[28][澳]G.拉可姆斯基:《女性与教育》,张莉莉译,西南师范大学出版社 2011 年版。

[29]戚万学等:《高等教育学》,山东人民出版社 2004 年版。

[30]中华人民共和国国家质量监督检验检疫总局:《GB/T19001—2008〈质

量管理体系—要求〉》，中国标准出版社 2009 年版。

[31]王忠敏：《标准化基础知识实用教程》，中国标准出版社 2010 年版。

[32]叶友华：《依法治国与执政党建设》，黑龙江人民出版社 2001 年版。

[33]叶友华：《和谐社会法学专题研究》，黑龙江人民出版社 2006 年版。

[34]中国认证认可协会：《质量管理体系审核员 2015 版标准转换培训教材》，中国质检出版社/中国标准出版社 2015 年版。

[35]全国质量管理和质量保证标准化技术委员会：《质量管理体系国家标准理解与实施》，中国标准出版社 2009 年版。

[36]刘玉瑛：《社会主义核心价值观学习读本·公民篇》，新华出版社 2015 年版。

[37]徐贵权：《社会主义核心价值体系融入国民教育方法途径研究》，中国社会科学出版社 2015 年版。

[38]叶飞霞、刘淑兰：《引领文化与文化引领》，人民出版社 2012 年版。

[39]许俊等：《中国人的精气神——社会主义核心价值观国民读本》，人民出版社 2014 年版。

[40]周向军、高奇：《核心价值体系》，济南出版社 2013 年版。

[41]舒毅彪：《以红色资源推进社会主义核心价值体系大众化研究》，人民出版社 2014 年版。

二、论　文

[1]莫文秀：《论女子高校和谐校园建设》，《中华女子学院学报》2007 年第 3 期。

[2]魏国英、南晓娟：《社会变革中的婚姻家庭与性别文化》，《妇女研究论丛》2012 年第 4 期。

[3]戴媛媛、颜素珍：《美国思想政治教育方法及其对我国的启示》，《成都大学学报(教科版)》2008 年第 4 期。

[4]林庭芳、韦金红、乔林丽：《我国大学生诚信制度建设存在的问题及对策》，《学校党建与思想教育》2008 年第 8 期。

[5]李军:《加强大学毕业生诚信教育的思考》,《中国大学生就业》2007 年第 10 期。

[6]叶友华:《大学生诚信教育机制研究》,《山东女子学院学报》2011 年第 6 期。

[7]叶友华:《社会变革中的女大学生就业困境调查研究》,《黑龙江省社会主义学院学报》2013 年第 2 期。

[8]莫秋婵:《以社会主义核心价值体系引领和谐文化建设》,《探求》2008 年第 4 期。

[9]吴进:《社会主义核心价值体系是建设和谐文化的根本》,《长春大学学报》2009 年第 5 期。

[10]叶友华:《论师德建设贯彻德教为先的依据与对策》,《黑龙江省社会主义学院学报》2012 年第 3 期。

[11]叶友华:《加强和改进新形势下基层思想政治工作刍议》,《吉林省经济管理干部学院学报》2011 年第 3 期。

[12]叶友华:《领导干部要做建设学习型政党的表率》,《吉林省经济管理干部学院学报》2010 年第 1 期。

[13]叶友华:《女大学生婚恋观调查研究》,《中华女子学院学报》2010 年第 5 期。

[14]金帮琳:《实施 2000 版 ISO9001 标准有关问题探讨》,《水利技术监督》2003 年第 3 期。

[15]金帮琳:《组织文件和记录控制及其实现过程研究》,《质量与认证》2015 年第 3 期。

[16]叶友华:《基于 PDCA 模式提升高校思政课程教学质量研究》,《吉林省经济管理干部学院学报》2012 年第 3 期。

[17]叶友华:《高校思政课程满意度测量方法及应用研究》,《吉林省经济管理干部学院学报》2013 年第 1 期。

[18]叶友华、金帮琳:《水生态文明城市建设的法制保障措施研究》,《人民长江》2016 年第 1 期。

[19]叶友华、金叶、金帮琳:《实验室检测和校准方法的评审及其实现过程

研究》,《中国标准化》2016 年第 1 期。

[20]叶友华:《强化民主监督意识,创造民主监督条件》,《中央社会主义学院学报》1999 年第 2 期。

[21]叶友华:《关于反垄断立法的几个问题》,《中央社会主义学院学报》2007 年第 4 期。

[22]齐卫平、徐伟:《社会主义核心价值观的传统文化滋养与现代性生长》,《社会科学战线》2015 年第 6 期。

[23]房正:《高校培育和践行社会主义核心价值观要注重“典型引领”和“底线约束”》,《学校党建与思想教育》2015 年第 6 期。

[24]黄钊:《论社会主义核心价值观同中国优秀传统文化资源的亲密关系》,《思想政治教育研究》2015 年第 1 期。

[25]叶友华:《知识产权保护与建设创新型国家》,《中央社会主义学院学报》2006 年第 3 期。

[26]武鹏、魏强:《韩国高等教育发展的现状与问题》,《北京青年政治学院学报》2010 年第 2 期。

[27]张妍:《现代韩国女性的社会地位》,《东北亚论坛》2001 年第 4 期。

后记

本书历时两年，终于定稿。欣喜之余，也有一些诚惶诚恐，好在迈出了第一步。

自从2009年调入山东女子学院，本人就一直尝试结合思想政治理论课教学实践在女性研究领域作一点积极的探索和研究。2010年，在所授课的班级中做了"女大学生婚恋观"的问卷调查，并形成《女大学生婚恋观调查研究》一文，在《中华女子学院学报》发表；2013年，本人又参加了"第二届中国女性人才资源开发与利用国际研讨会"，积极探讨女性就业与创业、女大学生就业与创业等议题。通过这些活动，对女性及女大学生研究领域有了一定的了解与认识，也坚定了本人从事女性理论与实践研究的信心。特别是山东女子学院提出了"百年女大"目标，确定学校今后的发展理念是"坤德女大、行知女大、绿色女大、优雅女大和幸福女大"之后，无论是学校还是本人，都更加重视妇女理论研究以及女大学生教育教学研究。

本书是本人在长期思想政治理论课程教学中结合女子学院女大学生众多的特点，总结摸索出的一点点教学心得体会。其中一部分单独成文，已在相关学术期刊上发表，这里结合当前实际又作了修改。由于教学任务繁重，有些想法、做法至今没有机会与广大同仁交流并形成文字，有待于今后不断地总结提升。另外，与女性服装、女性消费、女子体育等女性文化相比较，女大学生的特色在思想政治教育领域并不十分突出，只是在就业观、婚恋观、安全教育等方面略有差异，这无疑增加了本书的写作难度。因此，本书的思路是把女大学生德育和女大学生特色教育分成两大板块，以此来突出女性研究的特色。

感谢山东女子学院妇女理论研究所推出的“女性学术研究专著”项目，感谢校领导、部领导及身边的同事们给予我的大力支持和帮助，还要感谢我的家人在这两年多时间里给予我的理解和关心。在本书撰写过程中，本人参考、借鉴并广泛吸收了近年来许多相关的论著和研究成果，在此一并表示真诚的感谢！

作为山东省唯一一所女子高等院校的理论工作者，本人对女性生存与发展的关注、对提升女性教育水平的研究工作是必需，也是使命。本人将一如既往，积极探索女性教育发展领域。这本女性研究著作的出版，是一次大胆尝试。由于时间紧迫，任务量大，书中不足之处在所难免，恳请读者提出宝贵意见，以期不断改进和完善。

叶友华
2016 年 11 月